Oui !
La France est un paradis pour entrepreneurs

Fabrice Cavarretta

Oui !
La France est un paradis pour entrepreneurs

PLON

www.plon.fr

© Éditions Plon, un département d'Édi8, 2016
12, avenue d'Italie
75013 Paris
Tél. : 01 44 16 09 00
Fax : 01 44 16 09 01
www.plon.fr

ISBN : 978-2-259-24847-1

Préface

Il m'est arrivé parfois d'associer les mots « France » et « paradis », mais je n'avais pas imaginé que cette expression puisse être reprise par d'autres entrepreneurs ou même apparaître dans le titre d'un livre.

L'idée était simplement de contrer les éternels pessimistes et de partager la joie et l'énergie que de nombreux entrepreneurs ressentent en France.

Oui ! La France est un paradis pour entrepreneurs fait écho à cette énergie.

Fabrice Cavarretta a eu plusieurs vies et son récit en bénéficie pleinement. Nous nous sommes déjà croisés dans deux de ces vies. Au début de l'Internet français dans les années 1990, nous avons siégé ensemble à l'Association des fournisseurs d'accès (AFA), collègues et concurrents à la fois, lui représentant un grand groupe, moi l'une de mes PME. Douze ans plus tard, Fabrice était devenu professeur et nous avons longuement échangé à propos d'une recherche qu'il conduisait sur l'évolution de ce marché de l'accès Internet.

Aujourd'hui, nous nous retrouvons de nouveau, sur une croyance et l'envie de la partager : la France est un terrain très favorable à l'entrepreneuriat. Pour l'enseignant qu'il est, communiquer ses idées est certainement une obligation. Pour ma part, communiquer mon enthousiasme pour notre pays est une manière d'encourager les jeunes à créer leur boîte. Ce serait une preuve d'arrogance d'avoir créé tant d'entreprises, dont certaines avec succès, et d'en attribuer le mérite à mes seules qualités personnelles. Nos jeunes, nos politiques, nos concitoyens, comme ceux qui vivent à l'étranger doivent savoir que la réussite en France est possible, que notre système a des qualités, qu'il vaut la peine d'y investir.

Il se trouve que *Oui ! La France, est un paradis pour entrepreneurs* colle à de nombreux domaines dans lesquels je me suis personnellement investi récemment. Ainsi, ce livre identifie parmi les grands facteurs du succès à la française nos formidables compétences, par exemple en ingénierie. Dans ce domaine toutefois, les besoins en ingénieurs sont dans la plupart des pays insatisfaits et notre système éducatif reste parfois désespérément élitiste. Partant de ce constat, nous avons décidé de lancer 42, une école d'informatique complètement différente, gratuite, originale par sa pédagogie et son recrutement ouvert.

Cette école ne prend son sens que dans le dynamisme de notre milieu entrepreneurial. Elle a pour vocation à former les meilleurs développeurs et les meilleurs créateurs dans le domaine du numérique dont un grand nombre seront les entrepreneurs de demain.

Cet ouvrage insiste aussi sur la qualité de l'environnement dont nos entrepreneurs bénéficient, et la richesse des incitations dont ils peuvent bénéficier. Quel dommage ce serait de ne pas en profiter, de ne pas se lancer encore plus dans l'aventure ! C'est ce qui m'a incité à construire, en partenariat avec la Banque publique d'investissement (BPI), le plus grand incubateur au monde – la Halle Freyssinet – qui doit ouvrir à Paris tout début 2017. Une telle initiative témoigne de ma croyance forte dans la richesse de notre tissu entrepreneurial. Nous allons y héberger 1 000 startups dans un lieu unique par sa dimension et dans lequel un cercle vertueux va s'établir entre la compétence, l'activité économique et la créativité.

Les sénateurs romains étaient appelés à « voter avec leurs pieds ». En tant qu'entrepreneur, je vote avec mes initiatives pour défendre l'idée que la France est un paradis pour entreprendre, et ce, au-delà de toute provocation.

Plongés dans la litanie du *French bashing*, même les plus convaincus de la qualité de notre système peuvent en venir à douter ou manquer parfois d'arguments. *Oui ! La France est un paradis pour entrepreneurs* nous apporte la matière pour réfléchir aux ressorts profonds de l'entrepreneuriat et aux raisons pour lesquelles cette activité est si bien lotie en France.

Xavier Niel

Introduction

Souvenez-vous d'octobre 2012. Des mesures fiscales dans le projet de loi budgétaire déclenchent un mouvement de protestation : les plus-values sur l'investissement dans une startup seraient taxées comme les revenus du travail, menaçant d'augmenter le plafond de taxation de 32 % à 60 %. Cette décision provoque une grogne qui se mue bientôt en un mouvement d'entrepreneurs et d'investisseurs en colère se baptisant « les Pigeons ».

Patrick Robin, l'une des figures de la high-tech parisienne, vient témoigner dans mon cours de l'ESSEC, une grande école de commerce parisienne, de son extraordinaire expérience, de la presse aux télécoms en passant par la publicité et finalement l'investissement. Les Pigeons, il connaît : il est, dans les médias, l'un des porte-parole de cette colère. Et, pour les étudiants de mon cours, son témoignage est troublant : ce n'est pas un patron-entrepreneur énervé, fatigué qu'ils découvrent, mais un homme rayonnant du plaisir qu'il semble avoir pris au cours de ses décennies d'entrepreneuriat. Que comprendre ?

Un an plus tard, septembre 2013. Le magazine *Challenges* publie un article au titre involontairement provocateur : « La France, meilleur pays du G20 pour créer son entreprise ». « Ben voyons... », pensent les apprentis entrepreneurs avec qui je discute de cet article. Pour eux, c'est de l'humour noir, encore un journaliste mal informé sur la situation de notre pays.

Janvier 2015, c'était hier. La presse internationale fait le buzz : les startups françaises constituent le plus gros contingent hors États-Unis dans le hall innovation du plus grand salon mondial consacré à la technologie grand public, le Consumer Electronics Show (CES) de Las Vegas[1]. Une armée de startups françaises y présentent des produits innovants, malins, formidables. Mais cela ne change rien pour les adeptes du *French bashing* : pour eux, cette réussite ne peut être due qu'à un hasard étrange ou une hallucination médiatique qu'il est urgent d'oublier.

En trois exemples, trois moments récents, le problème est résumé : on se doit de considérer l'entrepreneuriat en France comme un sujet d'inquiétude, une faiblesse congénitale, une défaillance collective. *Quid* si les faits suggèrent par ailleurs que l'entrepreneur y est heureux,

1. Salmon, « How venture capital is broken », Reuters Blogs, 7 mai 2012, http://blogs.reuters.com/felix-salmon/2012/05/07/how-venture-capital-is-broken

que l'environnement lui est favorable et qu'il réussit mieux qu'ailleurs ?

« Quand la légende devient réalité, imprimez la légende », suggérait le cinéaste John Ford dans *L'homme qui tua Liberty Valance*. Une approche très américaine.

En France, quand il s'agit de notre capacité à créer des entreprises, préférerait-on la légende, surtout si elle est moins belle que la réalité ? La bulle Internet vient à peine d'initier la population, les politiques et les médias aux délices de l'entrepreneuriat... et une bonne part de la communauté nationale aurait déjà décidé de sa propre médiocrité ?

Ces événements, apparents paradoxes, ont été pour moi l'occasion d'une réflexion. D'un côté, je constatais, attristé, un dénigrement que nous ne remarquons même plus tant le *French bashing* est dans l'air du temps. De l'autre, j'observais une multitude de signaux positifs suggérant que la France serait un terrain favorable à l'entrepreneuriat. Qui avait raison ? Où est la vérité ? Pourrait-elle être plus belle que la légende ?

Mon intérêt pour le sujet est autant personnel que professionnel. En tant qu'enseignant-chercheur sur l'entrepreneuriat, je suis amené en salle de classe à commenter de tels signaux et étudier, en profondeur, si « cela serait mieux ailleurs ». Confronté toute l'année à un mélange d'élèves français et étrangers, tous ambitieux et géographiquement mobiles, la comparaison entre les grands écosystèmes entrepreneuriaux est une question récurrente et parfaitement légitime.

Pas seulement en salle de cours d'ailleurs : ce débat s'invite également dans des discussions improvisées avec des amis qui commencent à envisager une autre vie après avoir passé toute leur carrière dans de grands groupes comme BNP Paribas, L'Oréal ou Danone. Et même avec leurs enfants, jeunes adultes ou grands adolescents, qui se posent des questions d'avenir.

Tous sont imprégnés de la *doxa* : « Mais, de toute façon, la France n'est pas propice à l'entrepreneuriat, n'est-ce pas ? » Comment leur en vouloir ?

Depuis la fin des années 2000, cette idée s'est immiscée profondément dans les débats économiques et politiques. Et on entend répéter à l'envi que nos entrepreneurs, surtout les jeunes, feraient mieux de partir... ailleurs... pour des destinations où le ciel entrepreneurial serait uniformément plus bleu.

Selon les tenants de ce *French bashing* économique, notre environnement serait irrémédiablement défavorable à l'entrepreneuriat. Les réussites ? Ces *success stories* qui poussent régulièrement des hommes et des femmes souriants à la une des magazines économiques ? Elles découleraient toutes d'une suite d'exceptions. Les rayons des librairies regorgent donc d'ouvrages qui soit incitent les forces vives de la nation au départ, soit encensent l'extraordinaire bravoure de réussites présentées comme isolées.

Comme tous ceux qui s'expriment sur l'entrepreneuriat en France, je porte une responsabilité. Ma parole peut brider l'enthousiasme ou le libérer. Elle peut encourager

– ou freiner – le choix de l'entrepreneuriat par des personnes envisageant de renoncer à un parcours professionnel normé, d'investir leurs propres deniers et parfois ceux de leurs proches, de sacrifier de futurs revenus salariaux confortables et de chambouler leur identité professionnelle. Ma parole peut les inciter à prendre des risques importants, que ce soit sur un plan financier ou psychique. Ou, au contraire, elle peut les en dissuader.

Discuter de ces questions n'est donc ni un exercice académique ni une galéjade. Une règle s'impose : s'assurer d'offrir le meilleur conseil à ces jeunes – et moins jeunes. L'enjeu est de taille : il s'agit de leur vie, et pas seulement économique.

Alors ? Soyons clair : pas plus ici qu'ailleurs l'entrepreneuriat n'est une promenade de santé. Partout, l'entrepreneuriat implique un niveau d'effort et de douleur qui en fait sa grandeur. Mais attribuer aveuglément cette douleur à notre système national est irresponsable.

Ce *French bashing*-là est une trahison, un mensonge et une lâcheté. Il décourage inutilement nos entrepreneurs potentiels en leur masquant les réels mécanismes du succès entrepreneurial. Il incite également les observateurs étrangers à se détourner de notre activité économique, une triste prophétie autoréalisatrice.

Ce *French bashing* non seulement occulte les réels atouts de la France du point de vue de l'entrepreneuriat, mais encore il masque une objective réalité : les inconvénients français (et ils existent, bien entendu) ne sont pas un obstacle pour les vrais chasseurs d'opportunité.

Ce livre s'adresse à tous les entrepreneurs potentiels, ainsi qu'à tous les acteurs qui les accompagnent, les aident, les forment, les motivent et les sélectionnent. Une population large comprenant les décideurs politiques de tout niveau, les enseignants, les journalistes, etc.

Ce livre n'obéit pas à un agenda politique. Il ne fournit pas non plus de conseils en matière de placements ou d'investissements. Il ne se situe pas à un niveau d'analyse macroéconomique.

Il adopte la perspective de l'acteur, de l'entrepreneur qui doit choisir son secteur d'activité, trouver son opportunité et naviguer entre les obstacles. Dans cette perspective, la comparaison avec un « ailleurs » n'est pas fantasmée mais envisagée d'un point de vue pragmatique.

Enfin, cet ouvrage a surtout vocation à faire évoluer le débat public sur la création d'activité en France. Afin que la critique de notre écosystème devienne plus nuancée et contribue à corriger les aspects qui le méritent réellement, tout en préservant ceux qui fonctionnent bien, voire remarquablement bien.

Préambule

Ce livre veut éclairer le débat sur l'entrepreneuriat en France en s'appuyant sur les avancées les plus modernes dans l'analyse de cette activité.

Tout d'abord, remarquons que l'entrepreneuriat est difficile à évaluer si l'on agrège toutes les situations : à un extrême, on trouve les individus qui aspirent à créer une activité de croissance – usuellement dénommés *entrepreneurs d'opportunité* ; à l'autre extrême, ceux qui essaient simplement de vivre d'une activité modeste, en simple substitution à l'emploi, bar-tabac, plombier, taxi – usuellement dénommés *entrepreneurs de nécessité*. Le chapitre 1 est consacré à cette nuance importante.

Cet ouvrage va se focaliser sur l'entrepreneuriat d'opportunité, car c'est implicitement de celui-ci qu'il est question quand on compare la France à la Silicon Valley, à Israël, à Londres, quand on associe entrepreneuriat et innovation ou quand on cherche à identifier les futurs champions de l'économie nationale. C'est l'entrepreneuriat le plus visible, celui qui est enseigné dans nos grandes écoles.

Même si l'entrepreneuriat de nécessité contribue aussi à la vivacité du système économique, en particulier en termes d'emplois, nous n'en approfondirons pas l'analyse car les ressorts en sont différents et nécessiteraient un autre ouvrage qui mettrait en œuvre d'autres mécanismes explicatifs.

Néanmoins, on explorera comment, d'un point de vue pratique, un entrepreneur de nécessité peut basculer dans l'entrepreneuriat d'opportunité s'il le désire.

Dans la partie I, nous partons à la découverte des mécanismes subtils de l'entrepreneuriat d'opportunité, identifiant les types de facteurs qui contribuent au succès entrepreneurial, et jetant la lumière sur le rôle (limité) du capital.

Dans la partie II, nous appliquons cette logique pour identifier les facteurs différenciants et positifs de l'écosystème français, à savoir le rôle de l'État, du patrimoine et du capital humain.

Dans la partie III, nous utilisons la notion de clusters pour identifier les secteurs d'excellence qui vont fournir autant d'options aux entrepreneurs d'opportunité.

La partie IV revisite les facteurs de notre écosystème les plus habituellement critiqués, à savoir l'Administration, le droit et le coût du travail, les impôts et l'accès au financement.

Enfin, la partie V explore les raisons qui pourraient expliquer le paradoxe de l'entrepreneuriat français, l'écart entre la perception et la réalité, invoquant notre histoire et notre psychologie, ainsi que nos lignes de fracture sociales et politiques.

La comparaison de l'écosystème entrepreneurial français avec les autres écosystèmes nationaux est l'un des fils conducteurs de cet ouvrage.

La high-tech est l'industrie de référence quand on parle de l'entrepreneuriat, entre autres car le secteur du financement en innovation pivote autour de cette industrie. Certains arguments lui sont presque entièrement dédiés, par exemple l'avantage d'avoir un secteur militaire fort. Aucun chapitre ne lui est complètement consacré, mais beaucoup l'abordent à leur manière.

I

Vous qui entrez en entrepreneuriat, perdez vos *a priori*

Nous sommes constamment exposés à un bombardement de messages négatifs sur la situation de l'entrepreneuriat en France : «démotivation de l'entrepreneur», «contexte défavorable» ou, dans le meilleur des cas, «peut-on entreprendre en France ?».

Pour mesurer la tonalité des conversations dans ce domaine, on peut s'amuser à faire une recherche sur Google et à comparer le nombre de réponses obtenues lorsque l'on cherche l'expression «France entrepreneuriat» avec «favorable» ou au contraire avec le terme «défavorable». Le ratio entre «favorable» et «défavorable» est de 1 à 10. Le Web a l'air de confirmer que l'entrepreneuriat en France n'est pas une bonne idée.

Des prises de position contraires sont pourtant souvent exprimées. Mais elles restent la plupart du temps inaudibles. Si par exemple des entrepreneurs ont le courage d'aller à contre-courant et de s'élever contre le *French bashing* en reconnaissant les atouts au démarrage d'activité en France, leurs déclarations ne seraient-elles motivées que par le désir de justifier leur folie de se lancer dans l'entrepreneuriat ?

Rien n'y fait. Dans l'esprit d'un grand nombre de nos concitoyens, France et entrepreneuriat évoquent immédiatement les mots manque de capital, taxation, administration, régulation, etc. Et cette croyance partagée se renforce d'elle-même au fil du temps. Sommes-nous effectivement en si mauvaise posture ?

Pour répondre à cette question, nous allons commencer dans cette première partie à considérer des situations concrètes d'individus qui envisagent l'entrepreneuriat en France, et à bien qualifier ce que l'on peut appeler « entrepreneur ».

Par ailleurs, comme la critique porte souvent sur le choix (choix de démarrer, choix de partir) et la (dé)motivation de l'entrepreneur potentiel, nous clarifierons aussi ce que la science sait de la « motivation », appliqué ici à l'entrepreneuriat.

1

Chasseur d'opportunité ou simple survivant ?

Au fait, que va-t-on appeler entrepreneur ? Il existe une myriade de définitions, prenons-en une simple : l'entrepreneur crée une activité, répondant à un besoin (préexistant ou pas), en mettant en œuvre des ressources (qu'il contrôle ou pas).

Cette définition reconnaît deux ambiguïtés : sur le besoin – l'entrepreneur crée-t-il l'opportunité ou existait-elle déjà ? – et sur les ressources – lui sont-elles disponibles ou bien doit-il les trouver ? Ces questions constituent les deux axes stratégiques de l'activité entrepreneuriale.

Concernant les ressources, une grande part du discours public sur l'entrepreneuriat ressasse le besoin impérieux de capital. Mais nous allons voir dans le chapitre 3 que l'investissement joue un rôle paradoxalement bien moins important dans l'entrepreneuriat qu'on ne l'imagine. Focalisons-nous pour l'instant sur l'*opportunité*, ce nexus de l'activité entrepreneuriale.

Trajectoires d'entrepreneurs, trajectoires d'opportunité

L'entrepreneuriat est une science de l'action, elle s'appréhende mieux en discutant de cas concrets. Pour cela, nous allons souvent considérer des cas réels, connus ou moins connus.

Nous allons aussi faire appel à des archétypes d'entrepreneurs à qui nous donnerons vie sous forme de quatre personnages fictifs. Ces quatre personnages, qui réapparaîtront donc régulièrement dans l'ouvrage, ont été imaginés pour couvrir un large spectre de profils possibles, en termes d'âge, d'expérience, de type d'industrie, d'éducation et de genre.

Pour ceux qui pourraient regretter une certaine artificialité à discuter de personnages fictifs, soyez rassurés : il nous sera beaucoup plus facile de les critiquer, de leur donner des intentions, des doutes, des parcours alternatifs, ou même de leur faire faire des erreurs, que si nous discutions des habituels entrepreneurs à succès.

Découvrons tout de suite ces souris, jetées dans le labyrinthe de l'entrepreneuriat français. Commençons par la benjamine, Clara, 25 ans, qui vient d'être diplômée d'une école de commerce reconnue. Après un stage à Séoul, elle débute à Paris comme chef de produit dans les cosmétiques. Clara est passionnée de luxe, pense déjà à l'entrepreneuriat et s'est fait souffler qu'elle devrait envisager de lancer une activité à l'étranger directement, par exemple à Séoul. L'aider à répondre à cette question peut éclairer le débat qui fait rage sur la prétendue fuite des « cerveaux » français.

Ensuite, nous avons José, 29 ans, ayant obtenu un CAP Pâtissier, qui travaille dans une boulangerie à Marseille. Il semble convaincu de vouloir s'installer à son compte. Pour lui aussi, la question de l'expatriation pourrait se poser, car il possède un savoir-faire transportable, même si cette expatriation ne lui est pas encore venue à l'esprit.

Valérie, 37 ans, est diplômée en automatismes industriels d'une école d'ingénieur et travaille dans une société de services en ingénierie informatique (SSII). Elle vit en couple à Paris avec son compagnon qui a un travail stable et intéressant, et ils ont quatre enfants. Toute sa carrière professionnelle, depuis la fin des années 1990, s'est déroulée dans un écosystème de nouvelles technologies très actif.

Enfin, prenons Michel, 51 ans, récemment au chômage après une carrière dans une entreprise de mécanique de Brive-la-Gaillarde où il était agent de maîtrise. Étant très attaché à sa région et son épouse travaillant à la mairie de sa ville, l'idée de « refaire sa vie ailleurs » n'est pas envisageable.

Pour tous, la question de l'entrepreneuriat se pose.

Tableau 1
Quatre profils typiques d'entrepreneur

Clara	25 ans	Grande école de commerce	Chef de produit Marketing cosmétique	Paris
José	29 ans	CAP Pâtissier	Pâtissier	Marseille
Valérie	37 ans	Ingénieur automatismes	Ingénieur SSII	Paris
Michel	51 ans	Bac pro	Agent de maîtrise mécanique	Brive-la-Gaillarde

Nous avons là des profils typiques d'entrepreneurs potentiels. Bien que tous ces profils soient traditionnellement étiquetés de la même manière, « entrepreneurs », ils sont en fait très différents les uns des autres. En effet, on peut constater entre eux une grande différence d'âge, des domaines de compétences éloignés, des cursus scolaires ainsi que des secteurs d'activité très variés.

Mais au-delà de leurs particularités démographiques, focalisons-nous sur ce qui va réellement les distinguer, raisonnons en termes de *trajectoires d'opportunité*, ce vers quoi pourraient se tourner ces individus. Clara pourrait envisager de monter une activité dans les cosmétiques ou le luxe, mais laquelle, et doit-elle céder aux sirènes de l'expatriation ? José a comme plan de carrière de monter sa propre boulangerie-pâtisserie et a commencé à se renseigner sur des opportunités dans sa région. Valérie est naturellement tentée par les nouvelles technologies, mais démarrer son activité n'est pas sa priorité. Quant à

Michel, il a toujours envisagé d'ouvrir un bar-tabac ; son licenciement est peut-être le moment de sauter le pas vers l'entrepreneuriat.

La nature des opportunités qu'ils vont envisager et les actions qu'ils vont engager vont impliquer des nuances sur leur style d'entrepreneuriat. Clara et Valérie semblent démarrer des activités relativement ambitieuses, par la croissance ou l'innovation qu'elles impliquent. Néanmoins, tant qu'elles ne créent pas de structure juridique, elles n'apparaissent pas dans les statistiques.

Pour José et Michel, la création d'une société aura lieu bientôt, donc leur activité va apparaître dans les statistiques nationales comme de l'entrepreneuriat. Par contre, l'ambition de leur démarche semble plus modeste.

Fait-il sens d'agréger l'activité de croissance dans les cosmétiques que Clara a en tête avec l'activité de Michel qui ressemble fort à de la substitution à l'emploi, ayant *a priori* peu de chances de croissance ?

Distinguer entrepreneuriat d'opportunité et de nécessité

Cela constitue l'une des difficultés de l'analyse de l'entrepreneuriat. Peut-on couvrir par le même terme, « entrepreneuriat », deux situations si hétérogènes ? D'un côté, un objectif de croissance s'appuyant sur des moyens potentiellement élevés ; de l'autre, un objectif de subsistance fondé sur des moyens *a priori* modestes.

Réfléchissons donc en termes d'opportunité de croissance et, en particulier, du point de vue de l'intention.

Clara, la jeune commerciale qui veut se lancer dans les cosmétiques de luxe, est une chasseuse d'opportunité typique : elle apporte un fort capital humain (études et expérience à l'étranger) et nourrit l'ambition de créer une activité de croissance. De plus, elle s'engage dans un secteur, le luxe, où l'écosystème national est particulièrement fort. Si sa PME décolle en France, elle aura toutes ses chances de pouvoir se développer à l'international.

Pour Michel, la situation est différente. Il aborde l'entrepreneuriat pour survivre économiquement, sa chance de retrouver un emploi étant faible. L'opportunité est maigre, un bar-tabac en province ayant peu de chances de mener à de la croissance à court terme. De plus, son apport de compétences est discutable : sa connaissance en restauration est limitée et son sens du service n'a pas été testé.

D'un point de vue pratique, la reprise d'un bar-tabac s'apparente beaucoup plus à du simple management : l'idée et les ressources à mettre en œuvre sont connues (une part d'économies personnelles à laquelle s'ajoute une part d'emprunt pour le fonds de commerce). La rentabilité va s'estimer avec une logique économique classique, en essayant de prédire sa chance de survie : par exemple, la zone de chalandise de Michel peut-elle assurer la rentabilité de son tabac, en prenant en compte tous les facteurs de production tels que le coût du travail, de l'électricité, les impôts et charges, etc. ? Son type d'activité est-il soumis à une concurrence du même type (bar-tabac) ou de substitution (par exemple les McDonald's, qui deviennent les lieux de socialisation dans certaines zones périurbaines), etc. ?

Bien entendu, les facteurs individuels de l'entrepreneur jouent toujours. Peut-être Michel a-t-il l'énergie nécessaire pour transformer son lieu de restauration en un centre de rassemblement de sa communauté. Peut-être a-t-il naturellement une aptitude au service client. Il faut compter aussi sur de l'apprentissage, sur les compétences qu'il pourra développer dans une formation dispensée *via* la chambre de commerce et d'industrie de sa région.

Mais, comme des millions d'entrepreneurs similaires, l'émergence et la survie de l'affaire de Michel vont se faire « à la marge » et vont s'expliquer grandement par des agrégats économiques. Parmi tous les bars-tabacs de France, la chance que l'un d'entre eux devienne une entreprise de croissance est faible.

Le personnage de Michel nous permet de visualiser que certains choix entrepreneuriaux peuvent mener à des situations sans réelles opportunités de croissance, pour lesquelles les spécificités du système français sont alors principalement... ses inconvénients.

Parce qu'il prend en charge une activité économique, on se doit d'accorder à Michel le titre d'*entrepreneur*. Le lui refuser serait injuste. Néanmoins, réunir tous les types d'entrepreneurs dans une seule et même catégorie est source de confusion. Leurs *trajectoires* sont, dès le démarrage, très différentes.

Cette nuance est si importante qu'elle va imposer une terminologie particulière pour distinguer un entrepreneuriat dit *d'opportunité* d'un entrepreneuriat dit *de nécessité*. Cette distinction fondamentale est utilisée par les chercheurs et par les grandes études internationales comme le Global Entrepreneurship Monitor (GEM), afin de distinguer ces deux phénomènes très différents.

L'entrepreneuriat de nécessité englobe les entrepreneurs qui essaient simplement de vivre d'une activité modeste (un bar-tabac, une entreprise de plomberie, une sandwicherie). Cette catégorie d'entrepreneuriat se conçoit comme une substitution à l'emploi; souvent elle s'adresse à ceux qui n'ont pas (ou plus) d'emploi et sont presque «contraints» de prendre la tête d'une activité entrepreneuriale *a priori* modeste. Dans tous les pays, c'est dans cette catégorie que la grande majorité des entrepreneurs se classe.

L'entrepreneuriat d'opportunité concerne, lui, un nombre plus restreint d'individus. Il englobe notamment ceux qui ont, *a priori*, le potentiel ou l'ambition de croître, de créer de l'emploi et de la valeur au-delà de la subsistance de leur fondateur. C'est cet entrepreneuriat qui est enseigné dans nos grandes écoles de commerce et financé par les capital-risqueurs.

Nous allons nous focaliser, dans cet ouvrage, sur l'entrepreneuriat d'opportunité, auquel la France est si favorable.

Il importe de faire le distinguo entre l'entrepreneuriat d'opportunité et de nécessité pour bien comprendre le phénomène entrepreneurial. En effet, un écosystème national, tel celui de la France, peut être favorable à un type d'entrepreneuriat mais défavorable à l'autre. Il peut être un paradis pour l'entrepreneur d'opportunité et un vrai purgatoire pour l'entrepreneur de nécessité. Ou vice versa.

Nous allons donc nous concentrer en particulier sur les avantages de la France dans l'entrepreneuriat d'opportunité. Nous ne débattrons pas dans cet ouvrage de l'entrepreneuriat de nécessité, hormis pour évoquer la possibilité d'en sortir pour rejoindre une trajectoire d'opportunité.

Mais, avant cela, observons comment les entrepreneurs s'engagent dans l'un plutôt que dans l'autre.

S'orienter en opportunité ou en nécessité ?

Bien entendu, la frontière entre les deux types d'entrepreneuriat n'est pas étanche et n'est souvent définissable qu'*a posteriori*. On peut commencer dans une catégorie et terminer dans l'autre : nombre d'aventures entrepreneuriales démarrent modestement, poussées par la nécessité, puis prennent de l'ampleur avec le temps, deviennent de l'entrepreneuriat d'opportunité et finissent même par se faire financer en capital de développement. Cependant, cette transmutation est malheureusement rare.

À l'inverse, nombre d'entrepreneurs d'opportunité sortant de nos grandes écoles ne produiront jamais autre chose que de magnifiques tableaux Excel et des présentations PowerPoint avant de se retirer discrètement de l'entrepreneuriat, accomplissant finalement bien moins que beaucoup d'entrepreneurs de nécessité.

L'intention, la manière d'aborder son activité vont souvent déterminer la différence de trajectoire. Voyons comment cela s'articule avec l'exemple de nos quatre entrepreneurs en herbe.

Clara s'oriente sans ambiguïté et d'instinct vers l'entrepreneuriat d'opportunité, dont on sent déjà qu'il va lui permettre de bénéficier d'avantages comparatifs de l'écosystème entrepreneurial français.

Pour Valérie, l'ambiguïté pointe : si elle se contente de monter une activité de conseil unipersonnelle en simple substitution à son emploi actuel, elle peut se transformer en entrepreneur de nécessité.

José, s'il se limite à monter une pâtisserie sans motivations plus larges (voir *infra* pour exemple de telles motivations), va s'établir en entrepreneur de nécessité. Son activité pourrait être rentable et il pourrait en être heureux. Mais il peut aussi rejoindre le bataillon de ceux pour qui le système à la française paraît inutilement lourd... sans bénéficier de ses extraordinaires avantages. Il pourrait être judicieux pour José d'y réfléchir en amont.

Michel cherche simplement à surmonter le chômage par l'ouverture ou la reprise d'un bar-tabac. Son activité implique, *a priori*, peu de perspectives de croissance ; elle ne bénéficie d'aucun avantage de l'écosystème national, au contraire. Michel est donc pour l'instant l'*entrepreneur de nécessité* typique. Néanmoins, même si l'affaire semble partie inexorablement vers la subsistance, nous allons voir qu'il peut lui aussi devenir entrepreneur d'opportunité et bénéficier des extraordinaires avantages de notre écosystème entrepreneurial !

Valérie, José et Michel ne sont pas encore clairement dans la chasse à l'opportunité. Mais, pour chacun, il ne faudrait pas grand-chose pour les faire basculer.

Même si cet ouvrage traite principalement de l'entrepreneuriat d'opportunité, ces individus potentiellement partis pour de l'entrepreneuriat de nécessité ont beaucoup à nous apprendre. En particulier, ils vont illustrer une des grandes forces de l'écosystème français, quand il permet au plus grand nombre la bascule de la subsistance vers la chasse à l'opportunité.

Un paradis pour l'entrepreneuriat... d'opportunité

La distinction entre les types d'entrepreneuriat compte car, en France, autant l'entrepreneuriat de nécessité peut être douloureux, autant l'entrepreneuriat d'opportunité est favorisé.

Concernant l'entrepreneuriat de nécessité, la démonstration n'est malheureusement plus à faire, car les arguments ressassés par la mode du *French bashing* s'y appliquent avec une certaine justesse. Pour la grande masse des entrepreneurs de nécessité, les impôts, les charges, l'administration, etc., ont potentiellement des effets délétères.

Nous allons nous focaliser sur l'entrepreneur d'opportunité et analyser combien l'écosystème français peut lui être favorable. Combien, le *French bashing* est injustifié et combien la France peut alors se révéler un vrai *paradis* pour entrepreneurs.

Nous allons montrer combien la frontière entre les deux approches peut être poreuse, comment la bascule est grandement facilitée en France. C'est grâce à cette porosité et à d'autres aspects amortissants du système que nous pourrions qualifier la France de *purgatoire* pour l'entrepreneur de nécessité. Cette nuance de langage n'est pas là pour juger, de l'extérieur, du niveau de douleur perçu par ces milliers de dirigeants de TPME qui, malheureusement, sont limités à maintenir leur entreprise en survie.

Elle capture l'idée que, dans d'autres écosystèmes, l'entrepreneur de nécessité a très peu de chances objectives de basculer, que peu de moyens sont disponibles pour cette transition, et que l'insécurité sociale, juridique ou même physique peut rendre l'entrepreneuriat alors réellement infernal.

D'une certaine manière, tous les entrepreneuriats de nécessité se ressemblent : que l'on soit à la tête d'un bar-tabac en France, d'un stand de beignet à Lagos ou d'un stand de burger à Houston, les marges sont maigres, la compétition est intense, les administrations, avocats et mafias semblent se liguer pour brider et cantonner l'entrepreneur à une situation inconfortable… Dans tous ces écosystèmes, l'entrepreneuriat de nécessité permet à peine de se maintenir au niveau minimum de survie dans l'environnement en question.

En revanche, les écosystèmes se distinguent bien les uns des autres dans la possibilité d'accéder à l'entrepreneuriat d'opportunité : à partir du moment où les briques de base de la construction d'une entreprise sont disponibles, on voit apparaître de gros écarts du point de vue des facteurs qui poussent à la performance. Examinons maintenant ce qui constitue donc les briques de base et les facteurs de succès entrepreneurial.

2

Hygiène ou motivation ?

Critiquer ou louer un environnement entrepreneurial, c'est exercer un jugement. Il est semblable au choix qu'ont à faire les individus quand il s'agit de devenir entrepreneur et d'identifier son opportunité. Si beaucoup de monde semble avoir une opinion tranchée, ce processus est plus complexe qu'il n'y paraît.

En théorie, un grand nombre de paramètres semblent jouer : la croissance, les différents secteurs, la technologie, les pressions concurrentielles, les environnements institutionnels, économiques, politiques, etc.

En conséquence, nombreuses sont les dimensions sur lesquelles le débat public sur l'entrepreneuriat se cristallise : la France souffrirait-elle d'une fiscalité castratrice pour l'entrepreneuriat ? De procédures administratives démotivantes ? D'horaires de travail trop contraignants ? D'une position d'acteur mineur dans la high-tech ? D'un déficit de croissance ? D'une culture entrepreneuriale déficiente ? Etc.

Nous allons nous demander dans les parties suivantes si ces diverses critiques sont justifiées et surtout, si c'est le cas, si elles handicapent réellement les entrepreneurs en France.

Mais, auparavant, réfléchissons à la manière dont les entrepreneurs font leur choix, dont ils perçoivent les paramètres à prendre en compte pour leur action entrepreneuriale.

En effet, la tentation est grande de partir dans toutes les directions, d'invoquer les multiples dimensions de la décision comme si elles étaient toutes importantes. Malheureusement, cela ne mènera qu'à un dialogue de sourds entre ceux qui vont se focaliser sur les aspects où la France est déficiente et ceux qui vont se focaliser sur les aspects favorables.

Une mise en perspective, une priorisation sont encore plus nécessaires si l'on considère la logique de l'acteur – l'entrepreneur – quand il doit se lancer. Et là, la science du management est claire : l'être humain agit à *rationalité limitée*, il ne peut considérer qu'une part réduite du problème.

Sommes-nous alors face à une question insoluble ? Doit-on conclure que le manque de pleine rationalité implique l'irrationalité, que l'entrepreneur ne peut faire de choix raisonnable, que les commentateurs peuvent s'opposer à l'infini ?

Heureusement non, car une distinction importante va permettre d'y voir plus clair, celle entre les « facteurs d'hygiène » et les « facteurs d'opportunité ».

Les facteurs d'hygiène, à impact limité

Le concept de facteur d'hygiène émerge dans la recherche sur la motivation : Abraham Maslow propose une hiérarchie des facteurs de motivation, organisée sous la forme de sa célèbre pyramide[1], démarrant aux besoins physiologiques, de sécurité, puis d'appartenance, d'estime et finalement d'accomplissement.

Cette théorie suggère que tous les facteurs n'ont pas le même poids, qu'il est inutile d'être très fort dans une certaine dimension si les critères de base ne sont pas respectés. Cette intuition est séduisante, mais, en creusant bien, on peut montrer qu'elle ne correspond pas précisément au comportement des êtres humains car ceux-ci ne se limitent pas à assouvir leurs besoins les plus élémentaires avant d'aspirer à satisfaire les plus élevés.

Maslow a raison de classer les facteurs selon leur « élévation », le besoin physique au bas de l'échelle et le besoin d'accomplissement en haut, mais il a tort de penser que la satisfaction de l'un conditionne la recherche de l'autre.

Pour affiner ce modèle de Maslow apparaît alors le modèle moderne de la motivation[2] : certains facteurs ne comptent que jusqu'à un certain niveau, après quoi ils n'ont plus grande importance. Le découvreur de cette logique, Herzberg, va les appeler des *facteurs d'hygiène*, car

1. Maslow, *Motivation and personality*, New York, Harper, 1954.
2. Herzberg, Mausner, Snyderman, « Motivation versus Hygiene », in *The Motivation to Work*, New York, Wiley, 1959.

ils sont similaires aux actes d'hygiène corporelle de la vie quotidienne, telle la douche : pour quelqu'un qui ne se lave jamais, prendre une douche une fois par mois, c'est bien. En prendre une toutes les semaines, c'est mieux. En prendre une tous les jours, probablement mieux encore. Mais est-il vraiment recommandable de prendre trois douches par jour ? Ou même une toutes les heures ? Probablement pas ! Le facteur « douche » est ici un facteur d'hygiène en ce qu'il entraîne un bénéfice jusqu'à un certain point, au-delà duquel il n'apporte plus grand-chose.

Si vous deviez utiliser le critère « douche » pour sélectionner un ami, ou une compagne, vous ne vous en préoccuperiez que s'il descendait en dessous d'une certaine valeur. Et vous ne vous attendriez pas à ce qu'on vous présente une personne en précisant « c'est quelqu'un de bien, il prend plus de douches qu'Untel ». En effet, dans la vie courante, nul besoin de comparer les gens en termes de douche... sauf si une personne tombe en dessous d'un certain niveau d'hygiène qui est inacceptable.

Par contraste avec ces facteurs d'hygiène, on appelle *facteurs de motivation* ceux qui tirent l'individu vers le haut, sans limites. Par exemple, dans la psychologie du travail, le fait de pouvoir « s'accomplir dans une tâche » est un facteur de motivation : il n'y a pas de limite haute au bénéfice que l'on peut tirer de l'accomplissement au travail. À l'inverse, les études sur la motivation au travail montrent que le salaire est un facteur d'hygiène : ses bénéfices sont limités (à un certain niveau, l'argent n'apporte plus grande satisfaction) ou tout du moins ont des rendements très décroissants.

Nous appliquerons la distinction hygiène/motivation au domaine entrepreneurial. Parmi tous les facteurs qu'on pourrait considérer, certains ne seront importants que jusqu'à ce qu'on ait atteint un niveau minimal ; nous les appellerons alors facteurs d'hygiène. Pour ces facteurs, tout gain au-delà de ce niveau minimal n'aura pas grand rendement.

Prenons l'exemple d'un tel critère dans le cas de la France. Pour qu'un entrepreneur prenne le risque de créer une activité économique, le niveau de corruption pourrait être un facteur à prendre en compte, car il influence l'état de droit, la capacité à faire croître son entreprise sans obstacles majeurs et *in fine* à capturer de la valeur économique. Certains indices de classement de l'attractivité entrepreneuriale en tiennent donc compte[1].

Il s'avère que la France est régulièrement classée parmi les pays relativement propres. Elle est par exemple 26e sur 175 pays en 2014 dans la perception de la corruption établie par Transparency International[2]. Être classé 26e, c'est honorable.

Mais si l'on applique une logique de classement et que l'on agrège cette dimension avec d'autres, la France

1. Voir « Country Rankings on Economic Freedom », The Heritage Foundation, 2015, http://www.heritage.org/index/ranking

2. « Corruption Perceptions Index », Transparency International, 2014, http://www.transparency.org/cpi2014/infographic

perd d'emblée des places par rapport à la Suisse (5e) ou Singapour (6e). On pourrait alors y voir une preuve de plus que la France est défavorable à l'entrepreneuriat, une raison supplémentaire pour les jeunes de partir pour s'échapper de « l'enfer français »...

Sérieusement, pour toute personne qui connaît le milieu des affaires de notre pays, est-ce la bonne manière de prendre en compte cette dimension ? Est-il raisonnable de considérer que nous sommes « pénalisés » par rapport aux entrepreneurs opérant dans les 25 pays classés devant la France ? Dans l'abstrait ou pour la rhétorique, ce raisonnement paraît justifié. Mais, dans la pratique, il est infondé. En effet, l'immense majorité des entrepreneurs français n'étant pas gênée par la corruption, celle-ci ne peut être considérée objectivement comme un frein à l'entrepreneuriat en France !

Ce qui ne veut pas dire qu'il n'y a pas de problème et qu'il est inutile de s'en préoccuper. Il est simplement absurde de dévaloriser notre écosystème à cause de cette dimension, car la corruption constitue manifestement un facteur d'hygiène, pour lequel la France est à un niveau suffisamment élevé pour qu'il n'ait pas d'impact différenciant, qu'elle soit classée 26e, 5e ou 1re.

Par extension, vous sentez bien que les facteurs d'hygiène sont nombreux et qu'ils sont même majoritaires parmi les critères de choix considérés par les entrepreneurs potentiels.

Bien entendu, l'idée n'est pas d'ignorer toutes ces difficultés, certaines peuvent être problématiques et seront donc prises en compte par certains entrepreneurs, selon leur contexte.

Par exemple, toujours en ce qui concerne la corruption, l'Assemblée nationale signale dans un rapport parlementaire « l'apparition et le développement de la corruption dans les tribunaux de commerce[1] ». Et de nombreux entrepreneurs confirment le fonctionnement… disons opaque de certains d'entre eux, en particulier dans certaines régions au sud de la Loire. Cela a alors une conséquence concrète : dans ces régions, l'opportunité de reprise d'entreprise doit prendre en compte ce facteur « corruption », car il dégrade sérieusement les possibilités de trouver des opportunités de qualité.

Certains individus seront donc effectivement limités dans leur action par cet aspect de notre écosystème. Mais, en ce qui concerne la majorité des entrepreneurs, il est absurde de stigmatiser la France, de la déclasser par rapport à la Suisse ou Singapour.

Pour ce facteur, dont nous reparlerons plus loin, comme pour tous les facteurs d'hygiène, il importe peu que la France ne soit pas au sommet. L'essentiel est qu'elle fournisse un environnement sain, à un niveau suffisant, pour la majorité des entrepreneurs.

1. Colcombet et Montebourg, « Commission d'enquête sur l'activité et le fonctionnement des tribunaux de commerce », Assemblée nationale, section II. C. 4, 1998.

Un écosystème avec une rare diversité de facteurs de motivation

Les facteurs d'hygiène sont correctement assurés dans la plupart des écosystèmes majeurs de l'entrepreneuriat, les États-Unis, l'Allemagne, Israël, etc., et, comme nous allons le voir, la France. Ce qui veut dire qu'il serait spécieux de distinguer ces écosystèmes en s'appuyant sur la performance relative sur ces aspects.

Ce qui va faire la différence est la disponibilité de *motivations positives* pour entreprendre, celles qui permettent la surperformance dans la mesure où elles offrent un avantage significatif.

Ainsi, on va considérer comme facteurs de motivation les ressources particulières qu'un entrepreneur peut trouver dans son écosystème pour l'aider à démarrer son activité et avoir un avantage comparatif dans la compétition internationale. Dans la deuxième partie, nous nous focaliserons sur ses facteurs d'opportunité particuliers, à savoir le patrimoine, le secteur public et militaire, et le capital humain.

On va aussi considérer comme facteurs de motivation les *secteurs d'opportunité*, les domaines d'activité développés à un tel niveau d'excellence internationale qu'un entrepreneur bénéficie automatiquement d'un effet d'entraînement lorsqu'il s'y lance. Sont par exemple concernés les secteurs du luxe, du tourisme, de l'alimentaire et de la high-tech, que nous explorerons dans la troisième partie.

Ainsi, malgré la grande variété des paramètres à prendre en compte pour évaluer l'opportunité entrepreneuriale, cette complexité peut être réduite en posant cette question simple : l'entrepreneur bénéficie-t-il d'un niveau *minimal* raisonnable concernant les facteurs d'hygiène ? Et, surtout, bénéficie-t-il d'un volume maximum de facteurs d'opportunité et de secteurs d'excellence ?

3

Un mythe toxique : la prépondérance du capital

Évaluer correctement un environnement entrepreneurial nécessite donc de distinguer les entrepreneurs – de nécessité ou d'opportunité – et les facteurs – de motivation ou d'hygiène.

Avant de pouvoir comprendre en quoi l'écosystème entrepreneurial français est particulièrement compétitif, un dernier point de méthode reste à clarifier : celui du rôle du capital, de l'investissement, dans l'acte entrepreneurial.

Notre économie est capitaliste. Le capital devrait donc y jouer un rôle important, *a fortiori* pour la création d'entreprise. Remarquez comme la culture économique classique impose ce présupposé qui est rarement discuté.

La croyance en l'importance du capital dans l'entrepreneuriat joue un rôle récurrent dans la critique de l'écosystème français. On s'inquiète régulièrement de ce que l'entrepreneur français pourrait être désavantagé par rapport à ses «concurrents» étrangers du fait d'un manque d'accès au capital ainsi que de circonstances particulières propres à la France, telles que la politique fiscale, qui n'inciterait pas assez à l'investissement.

La nécessité – la primauté même – de ce besoin en capital pour lancer son activité est l'une des idées les plus répandues sur l'entrepreneuriat. Comme nous allons le voir, c'est pourtant l'une des idées les plus fausses qui soient.

Plus loin, dans le chapitre 17, nous examinerons en détail la situation spécifique à la France en ce qui concerne la disponibilité de capitaux.

Mais, avant de savoir si l'on « manque d'argent », il est plus fondamental de réfléchir au rôle qu'il doit jouer en entrepreneuriat. Nous examinerons donc ici les multiples raisons pour lesquelles l'entrepreneuriat est paradoxalement peu lié à des problématiques de levée de fonds ou d'investissement.

La croyance populaire veut que la ressource financière soit un point de passage obligé de l'entrepreneur. Ainsi, lorsque le désir de faire fleurir l'entrepreneuriat étreint l'homme politique, les gouvernements agissent souvent par l'injection de capitaux ou par les déductions fiscales, afin de s'assurer qu'il y a suffisamment de capital disponible pour que l'entrepreneuriat s'épanouisse.

De leur côté, les acteurs de la chaîne de financement privé, les banquiers et autres capital-risqueurs, sont nombreux et constituent des groupes d'influence importants et bien organisés. Ils font entendre leur voix régulièrement pour influencer les politiques, notamment fiscales, renforçant en permanence l'idée que le flux de capital est le point fondamental de l'écosystème. Cette capacité de mobilisation est parfaitement illustrée par la révolte des « Pigeons » de 2012.

Le système de formation renforce aussi cette illusion. L'enseignement en école de commerce, en France ou ailleurs, est conçu autour de la formalisation de la valeur en flux financiers, ce qui est tout à fait raisonnable pour la gestion d'une entreprise au quotidien.

En conséquence, l'entrepreneuriat a longtemps été formalisé en fonction de tels flux, de besoins d'investissements, et donc de levées de fonds. L'école de commerce n'est pas une école d'ingénieurs, ni de design, ni même de cuisine. L'école de commerce appréhende les savoir-faire et les hommes comme toute autre ressource : une fois le plan établi et le financement trouvé, il suffit de les *acheter*, comme les nombreuses autres choses dont l'entrepreneur armé de présentations PowerPoint a besoin pour mettre en œuvre son idée.

Un dernier élément vient sceller cette idée : l'entrepreneuriat est apparu dans la conscience collective durant la bulle Internet de la fin des années 1990. L'un des faits saillants en a été une vague de création de richesses hors du commun, fondée sur des valorisations plus énormes les unes que les autres.

Pour mémoire, cette bulle a été initiée à l'été 1995 par l'introduction en Bourse de Netscape, l'entreprise qui avait lancé le premier navigateur Web. À l'époque sans revenus ni donc profits, elle avait néanmoins immédiatement atteint une capitalisation boursière de 2,5 milliards de dollars.

Le public a donc associé très logiquement entrepreneuriat, introduction en Bourse et investissement qui peut rapporter beaucoup.

Malgré tout cela, il n'y a pas d'idée plus fausse que cette prééminence du capital dans l'entrepreneuriat ! Certes, le capitalisme moderne fait bien usage du capital, et l'entrepreneur a effectivement besoin de capitaux, mais la véritable question est de savoir si le financement est une modalité importante pour l'entrepreneur d'opportunité.

Bootstrapping, Lean, Effectuation : se lancer sans capitaux devient la règle

La plupart des spécialistes modernes de la pratique entrepreneuriale minorent le rôle de la disponibilité du capital ; ils considèrent même l'obsession de la levée de fonds comme toxique.

Dès les années 1990, Amar Bhide, dans un article célèbre de la *Harvard Business Review*[1], insiste sur la priorité à donner au *bootstrapping*, c'est-à-dire au fait de commencer petit et de générer de la trésorerie pour accompagner soi-même la croissance, sans recours à un financement

1. Bhide, « Bootstrap Finance : The Art of Start-ups », *Harvard Business Review*, 70, 1992.

extérieur. Cette approche signifie-t-elle que l'on n'a jamais besoin de capitaux ? Non. L'idée est que l'entreprise doit d'abord se focaliser sur la création de valeur, la relation client et la trésorerie positive autant que possible. Une fois cette pompe amorcée, on peut envisager d'accélérer ou d'accompagner la croissance en mettant plus de capitaux sur la table.

Cette approche prend de l'ampleur à la fin des années 2000. Eric Ries, un entrepreneur de la Silicon Valley, lance un pavé dans la mare de l'entrepreneuriat en publiant son ouvrage *The Lean Startup*[1]. Quel est son message ? Que le rôle de l'entrepreneur est de tester très rapidement, et en itérations répétées, des prototypes fonctionnels, c'est-à-dire des produits.

Dans cette approche, nulle étude de marché, nulle levée de fonds. La compétence de l'entrepreneur est principalement à l'intersection de la technologie et de l'usage, en mettant en œuvre des processus agiles pour tester les marchés de manière réelle. On fait avec très peu d'argent, l'investissement devient donc une préoccupation secondaire. Elle est secondaire car on peut envisager de ne lever des fonds qu'une fois l'idée, le produit, le marché et les processus validés. De manière simplifiée, si vous avez bien fait votre travail d'entrepreneur, nul besoin d'aller chercher l'argent, il va venir à vous.

La doctrine Lean est devenue la référence en enseignement de l'entrepreneuriat, le socle intellectuel dans

1. Ries, *The Lean Startup*, New York, Crown Business, 2011.

les cours des *business schools* de Stanford ou Harvard. D'où vient l'inspiration d'une telle révolution ?

Tout d'abord, il y a eu l'émergence, dans les années 1970, du Lean dans le système de production Toyota, qui va permettre aux Japonais de mettre à genoux l'industrie américaine de l'automobile[1]. La cible de cette première doctrine Lean est la croyance exagérée en l'optimisation telle qu'elle est conçue dans le système taylorien, avec sa symbolique du chronomètre qui mesure tous les temps pour produire chaque pièce.

L'idée sera dorénavant de donner à l'opérateur de base le goût de son produit, en lui inculquant une exigence intraitable de qualité. De plus, l'outil industriel doit être entièrement revu pour produire par petites tailles de lots, par petites quantités, pour pouvoir suivre en permanence le besoin du client.

Fini l'optimisation à tout crin qui va justifier d'investir des milliards sans trop savoir si le client veut le produit ou même si la qualité sera au rendez-vous : cette approche du *small is beautiful* va permettre de révolutionner l'industrie automobile. Étonnamment, alors qu'elle rejette l'optimisation classique des « gros investissements », elle permet tout de même des gains de productivité étonnants et, paradoxalement, un système Lean avec moins d'investissements se révèle plus efficace !

1. Womack, Jones et Roos, *The machine that changed the world : based on the Massachusetts Institute of Technology 5-million dollar 5-year study on the future of the automobile*, New York, Rawson Associates, 1990.

À partir des années 1980, une préoccupation similaire apparaît en informatique. À l'époque, la construction de systèmes d'information nécessite d'énormes moyens : les machines sont chères, les programmeurs sont rares, les grandes entreprises planifient leurs projets comme les guerres napoléoniennes. Des mois ou même des années sont consacrés à écrire les spécifications d'énormes systèmes qui tournent sur de grosses machines IBM, puis de nouveau des mois et des années sont nécessaires pour coder le système. Au final, la déception est souvent grande : en retard, au-delà du budget, et en plus les clients ne s'y retrouvent plus, le système est très rigide, impossible à modifier dans sa complexité.

L'obsession de l'optimisation a conduit à vouloir tout prévoir, à vouloir résoudre un problème de manière «parfaite» en amont. Le résultat est souvent plus que décevant.

Dans ce domaine, une méthodologie similaire au Lean du domaine manufacturier va donc émerger : la *méthode Agile*. Elle insiste sur le besoin de construire les systèmes d'information en itération rapide et légère[1]. Encore une fois, le *small is beautiful* prévaut, et, encore une fois, l'obsession d'optimisation par de gros investissements en amont est battue en brèche.

Quand Eric Ries arrive dans la Silicon Valley durant la bulle Internet, il est interloqué. La logique qui prévaut alors dans l'entrepreneuriat est : «J'ai une idée, j'écris un

1. Martin, *Rapid Application Development*, New York, Macmillan, 1991.

business plan, je consacre de longs mois à une levée de fonds, suivie par un gros développement payé par ces fonds, et à la fin je lance mon produit/service. » Il a vécu la révolution Agile dans son précédent métier de programmeur, il reconnaît alors immédiatement l'obsession de l'optimisation qui, *in fine*, bride l'innovation et produit des monstres, une approche qu'il croyait démodée.

Profitant de son avantage, il applique avec succès la logique Lean/Agile à la création d'entreprise. À la fin des années 2000, sur l'insistance de Steve Blank, un professeur d'entrepreneuriat à la Stanford Business School, il décide finalement de partager son secret et écrit son ouvrage de référence *The Lean Startup*.

Il y révèle n'avoir fait qu'appliquer à l'entrepreneuriat ce qu'il a vu dans la programmation : ne soyez pas obsédé par l'optimisation, construisez votre entreprise par itération, avec des investissements très faibles.

Ces méthodologies – *bootstrapping*, *Agile*, *Lean* – sont-elles validées scientifiquement, en particulier dans le domaine de l'entrepreneuriat ? Une chercheuse américaine, Saras Sarasvathy, a exploré cette question de manière connexe, dans une étonnante étude publiée en 2001[1].

Sa question d'origine était : « Comment pense un entrepreneur expérimenté ? » Notez bien que la question

1. « Causation and Effectuation : Towards a Theoretical Shift from Economic Inevitability to Entrepreneurial Contingency », *Academy of Management Review*, vol. 26, n° 2, pp. 243-288. Pour une présentation en langue française, voir Silberzahn, *Effectuation. Les principes de l'entrepreneuriat pour tous*, Paris, Pearson, 2014.

n'est pas «comment pense un financier» ni «le grand public», ni «un élève d'école de commerce».

En effet, elle soupçonne justement que le financier, le grand public et l'élève d'école de commerce pourraient avoir un rapport à l'entrepreneuriat très différent de celui des experts de ce domaine. Point important, elle définit les entrepreneurs expérimentés comme ayant déjà lancé plusieurs entreprises, ayant connu des succès et des échecs, et une introduction en Bourse. Nous parlons donc bien d'entrepreneurs d'opportunité.

Ses résultats sont étonnants. Elle identifie une manière d'aborder le monde tout à fait particulière, qu'elle appelle l'*effectuation*. On peut la résumer par quelques principes simples (que nous détaillerons ci-après) : 1) démarrer avec ce que l'on a ; 2) n'investir que ce que l'on accepte de perdre ; 3) un travail collectif autour d'un patchwork ; 4) tirer parti des surprises ; et 5) le futur découle de ce que l'on fait.

Puisque cette logique est celle appliquée par les entrepreneurs expérimentés, regardons dans le détail chaque principe. Le principe n° 1, «Démarrez avec ce que vous avez», implique de partir de soi-même, des personnes que l'on connaît, de ce que l'on connaît. Il ne s'agit donc pas de partir d'une idée. L'entrepreneur expérimenté sait qu'il vaut mieux essayer de créer de la valeur en utilisant ce qu'il a sous la main, ce qu'il maîtrise, qui et ce qu'il connaît.

Considérons un scénario dans lequel un entrepreneur envisage de se lancer dans le marché de la chaussure.

Dans la logique de l'effectuation, c'est une bonne idée si l'on a un rapport personnel à ce produit. Par exemple, si l'on a une grand-mère qui avait un magasin de chaussures et que l'on a vendu des chaussures tous les étés de son adolescence, alors la chaussure est un bon point de départ. Ou alors on est un designer ou un architecte et on a toujours voulu travailler sur l'objet chaussure. Ou bien encore si l'on a fait un stage à Taiwan dans une famille qui possédait une usine de chaussures, on a donc maintenant des amis qui produisent des chaussures. Ce sont là les bonnes bases pour se lancer dans la chaussure.

Qu'est-ce qui, *a contrario*, selon les principes de l'effectuation, ne serait pas une bonne base ? Un élève d'une école de commerce qui aurait eu l'idée de commercialiser une chaussure qui lui paraît pouvoir répondre à un besoin dans le marché... mais sans avoir un quelconque lien avec ce marché, ce produit, ces processus de production. Le problème est que cet élève d'école de commerce va devoir tout assembler pour monter sa PME, trouver un producteur, un designer, et payer tout ce beau monde rubis sur l'ongle.

Ainsi, le jeune entrepreneur consacrera beaucoup de temps et d'énergie à élaborer un business plan, pour pouvoir démarrer une magnifique levée de fonds. Il a toutes les chances de ne pas trouver preneur dans le marché et désignera alors le manque d'argent comme son obstacle principal. Il n'aura pourtant apporté à ce projet ni créativité, ni design, ni valeur ajoutée industrielle, ni connaissance intime du marché. Rien, hormis l'exécution du processus de business plan sur une idée tombée du ciel. Pour l'entrepreneur expert, la difficulté de ce jeune à trouver des fonds n'a rien d'étonnant, elle est presque rassurante...

Considérons à présent le principe n° 2, «la perte acceptable», qui évoque argent et capitaux, pour suggérer une chose simple. Prenez ce que vous avez en poche, mettez-le sur la table pour votre projet et focalisez-vous sur ce que vous pouvez faire avec. Cela veut dire que la notion d'investissement, et donc de retour sur capitaux, doit être tout simplement ignorée. Cela ne signifie pas que plus tard, quand l'entreprise aura crû, on n'envisagera pas de faire des investissements. Mais, en attendant, l'idée est de s'organiser pour ne pas avoir à se soumettre à cette logique de levée de fonds.

Le principe n° 3 évoque le «patchwork», car il consiste à considérer l'entrepreneuriat comme une activité sociale où le rôle de l'entrepreneur est d'entraîner d'autres personnes à se joindre *volontairement* à son projet. Ce volontariat signifie que le projet doit déclencher la curiosité, l'envie, l'amusement, la synergie, ou même que l'entrepreneur apparaît comme une personne intéressante, avec qui l'on a envie de travailler.

Pourquoi le terme de patchwork? Le patchwork consiste à créer des tapisseries ou des couvertures en assemblant des morceaux de tissus usagés disparates. Cela confirme l'idée que la réutilisation de ressources *déjà* disponibles est une compétence fondamentale chez l'entrepreneur. Saras Sarasvathy évoque le patchwork pour suggérer que l'entrepreneuriat doit ressembler à ces après-midi du Midwest américain, où les ménagères se rassemblent pour passer le temps, chacune apportant ses bouts de chiffons pour les combiner en un nouvel objet.

L'entrepreneur expérimenté n'attire pas les différents acteurs de l'entreprise – clients, fournisseurs, employés, etc. – grâce à une grosse levée de fonds. Non ! Il attire les autres car toute aventure est humaine, qu'il doit réussir à motiver chacun, potentiellement même ses concurrents, à participer à la construction de son bel édifice. Et, dans tous les cas, il doit commencer par *faire beaucoup avec très peu...*

Le principe n° 4 précise que l'on doit « tirer parti des surprises », donc que l'entrepreneur doit accepter que ses plus beaux plans initiaux ne soient jamais respectés. C'est en survivant dans les tranchées pendant des mois ou des années qu'il a une chance de finalement croiser la vraie opportunité, et elle sera probablement une voie différente de celle qu'il anticipait – une belle surprise !

La surprise est la base de l'entrepreneuriat, car tout ce qui apparaît initialement comme un bon plan est appelé à s'évaporer dès le premier contact avec le client.

Enfin, cela est confirmé par le principe n° 5, qui laisse entendre que les choses ne se déroulent pas telles qu'on les écrit, mais en fonction de ce que l'on *fait.*

Quel est le grand absent de tout ce raisonnement? C'est l'argent, qui ne joue aucun rôle majeur, ni comme motivation ni surtout comme moyen! Au contraire, la doctrine d'action d'un bon entrepreneur consiste à éviter d'avoir besoin d'argent, à faire sans. *L'entrepreneuriat n'est pas soluble dans l'argent.*

Même des économistes spécialisés dans l'entrepreneuriat, comme Scott Shane dans son ouvrage sur les «illusions de l'entrepreneuriat»[1], critiquent l'idée que le manque de fonds serait un obstacle majeur à l'entrepreneuriat.

Globalement, dans les approches modernes de l'entrepreneuriat, le financement n'est pas un point fondamental. En fait, le point commun de ces approches est justement la recommandation de faire sans argent!

De toute façon, l'argent est une commodité

L'une des raisons pour lesquelles l'argent n'a pas grande importance est que les marchés des capitaux sont relativement efficaces. Ainsi, l'argent n'est pas un facteur limitant, il est un *simple facteur d'hygiène* dans la plupart des situations.

Pour s'en convaincre, il suffit de constater que les capitaux sont devenus une *commodité*, c'est-à-dire un bien

1. Shane, *The Illusions of Entrepreneurship : The Costly Myths that Entrepreneurs, Investors and Policy Makers Live by*, Yale University Press, 2008.

relativement disponible et facilement transportable, avec une offre variée et différenciée permettant de l'obtenir de manière efficace.

D'ailleurs, le prix du capital illustre bien sa nature de commodité. Celui-ci est très usuellement exprimé en taux de rendement attendu, c'est-à-dire en définissant la marge qu'il faut payer pour se faire prêter de l'argent. Actuellement, dans les marchés de capitaux mondiaux, le capital se place très souvent à un *taux proche de zéro* ! Une marge proche de zéro est l'un des signes indéniables que cet objet est une commodité.

Pour illustration de cette abondance de liquidités dans l'économie, l'État français est souvent capable de lever des fonds à taux négatif. Cela veut dire que nombre d'investisseurs sont prêts à payer pour que la France garde leur capital en lieu sûr, car de meilleures opportunités de gains ne sont pas disponibles. Au niveau macroéconomique, l'argent est une commodité en surplus et les opportunités pour le placer sont la denrée rare.

Ce surplus implique-t-il que l'argent surgit facilement et immédiatement dans les mains de l'entrepreneur ? À l'évidence, non. Cependant, il est intéressant de se demander quel est le rendement obtenu, en moyenne, par les capital-risqueurs quand ils investissent chez les entrepreneurs (là aussi, une marge). Cette mesure devrait nous indiquer si cet argent est rare (et donc devrait rapporter beaucoup) ou une simple commodité (et donc rapportant peu).

Malheureusement, l'une des difficultés que rencontre celui qui étudie ces questions de financement est la relative opacité de ces canaux d'investissements. Ceux-ci sont plus inaccessibles que ceux d'autres marchés, tel le marché des actions, car les investissements en capital-risque sont « privés » et non « publics ». En effet, ces investissements en capital-risque sont normalement réservés à des professionnels ou à des investisseurs qualifiés. Le public n'y ayant pas accès, les fonds ne sont pas soumis aux mêmes obligations de *reporting*, et l'information diffusée est donc limitée. Pour être plus précis, l'information est même biaisée : quand les fonds de capital-risque génèrent de l'argent, ils s'en vantent, le succès appelant le succès (et donc le capital). En revanche, quand ils perdent de l'argent, on en entend moins parler. Au bilan, le marché peut avoir l'impression qu'une industrie gagne de l'argent simplement parce que ceux qui en perdent ne le font pas savoir.

Heureusement, la Kauffman Foundation, une importante fondation américaine destinée à promouvoir l'entrepreneuriat et dotée d'une donation de 2 milliards de dollars, s'est penchée sur le sujet. Ayant à gérer cette somme énorme et étant focalisée sur l'entrepreneuriat, la fondation a décidé de placer une partie de ses fonds en capital-risque. Sachant que ce type d'investissement est risqué, le capital-risque devrait être bien rémunéré et générer une bonne marge.

La réalité est tout autre, comme l'a révélé la Kauffman Foundation quand elle a décidé de dévoiler la rentabilité du large panel de fonds dans lesquels elle avait investi[1]. Le résultat fut sans appel : sur vingt ans, pour une centaine de fonds américains typiques, y compris les meilleurs, le retour sur investissement fut nul ou même négatif ! Même s'il y a de la variance dans cet échantillon, le message est brutal, d'autant plus qu'il provient d'une fondation totalement acquise à la cause de l'entrepreneuriat et de l'investissement privé.

La conclusion est claire : il y a beaucoup d'argent dans le marché des capitaux, en particulier pour l'entrepreneuriat, *tellement d'argent* qu'historiquement les investisseurs ont toléré un rendement en moyenne quasi nul.

Pour l'entrepreneur, le message est simple : l'argent ne doit pas être considéré comme un ingrédient important et, en supposant qu'il le soit, l'argent est disponible, il y en a beaucoup, c'est une *commodité* ! C'est un bien comme la farine, l'acier, le papier, un bien qui a un cours, qui s'échange et se transporte facilement.

Même dans les cas où un lourd investissement est nécessaire (cela peut évidemment se justifier), il est *a priori* plus facile d'amener l'argent à l'entrepreneur que de supposer que les entrepreneurs ou leur opportunité sont aisément déplaçables.

---

1. Le vrai message de la fondation est encore plus troublant que le simple retour quasi nul de ces fonds d'investissement. C'est qu'ils sont mal gérés et que le peu de valeur générée reste entre les mains des gestionnaires, mais c'est une autre histoire... Voir Salmon, « How venture capital is broken », *op. cit.*

L'entrepreneuriat a donc été pollué par une illusion toxique : celle que tout se joue sur une idée, qui est exposée dans un plan, donnant lieu à un investissement. La réalité est tout autre : l'entrepreneuriat est un travail de terrain où l'on combine astucieusement des ressources rares et complexes. L'argent y est un facteur comme un autre, un facteur d'hygiène la plupart du temps, peu différenciant.

Peu de plans et encore moins de précisions

Le dernier mythe qu'il convient de démonter concerne une logique de l'entrepreneuriat que l'on peut désigner par le terme « marginaliste ». Celle-ci suppose qu'une nouvelle activité se construit avec une efficacité calculée à l'avance, comme si tout devait *a priori* être calibré le plus finement possible, rendu efficace à la marge et à quelques pourcent près. Cette doctrine est fondamentalement liée à la question du capital, à son rendement.

Par exemple, concernant le coût marginal du travail, si l'on constate une différence de tant de pourcent avec tel pays, ces pourcent seront-ils obligatoirement problématiques ? Par ailleurs, si l'imposition des plus-values est supérieure à celle de tel autre pays, est-ce aussi obligatoirement problématique pour un entrepreneur qui démarre ?

La réponse à ces questions sera apportée en détail plus loin, mais discutons ici de cette obsession pour les « pourcent » dans les plans entrepreneuriaux.

Même si le business plan est sujet à caution, supposons que l'on établisse un tel plan, la question est : quelle crédibilité accorder à ces chiffres ?

Le problème est que ces tableaux ne sont souvent qu'un masque impressionnant pour de simples *hypothèses*, le tout rendu apparemment scientifique par l'usage excessif de la fonction « recopier à droite » d'Excel, celle qui permet de reproduire une formule d'une année sur l'autre, et d'avoir la sensation d'avoir prédit un futur à long terme par une simple opération du clavier.

Quelle crédibilité doit-on donc accorder à ces feuilles de calcul ? Un secret que peu de professionnels vous avoueront, c'est que ces tableaux sont, dans l'immense majorité des cas, complètement fantaisistes.

L'un des investisseurs les plus respectés de la Silicon Valley, John Doerr, de KPCB, le résume ainsi en 1999 : « Je suis toujours à la recherche d'une bande de gamins affamés qui n'ont aucune idée de ce qu'est un business plan. Je leur fais un chèque, on bosse intensivement pendant des mois, et – boom – on a créé une entreprise qui vaut 2 milliards[1] ! »

Les théoriciens du Lean ont formalisé cette idée par la phrase : « Aucun plan n'a jamais survécu à la rencontre avec un client. » Cela signifie que plus l'entreprise est jeune, moins ses plans, en particulier financiers, sont fiables ! Même les entreprises relativement mûres

1. Cité par Streitfeld and Dougherty, « After Kleiner Trial, Expect Less Shooting From the Hip in Silicon Valley », *The New York Times*, 28 mars 2015.

sont très difficiles à planifier. Ainsi, au début, on peut pratiquement ignorer totalement ces tableaux. Ils ne sont que des indications très éloignées de la réalité future et ne rassurent que ceux qui veulent bien y croire.

Ayant enseigné cette logique pendant des années, je prédis que certains lecteurs resteront dubitatifs. Pour essayer de les faire changer d'avis, je leur suggère de consulter un document fascinant en provenance de la Silicon Valley. Le fonds d'investissement Bessemer y est l'un des investisseurs les plus anciens et respectés, actif dans cette région depuis des décennies. Comme ses concurrents, il offre sur son site Web des informations sur la liste de ses investissements passés, ce que l'on appelle son portefeuille. Du fait de sa légitimité, Bessemer peut se permettre de ne pas uniquement se vanter de ses succès. C'est ainsi que Bessemer a publié son « antiportefeuille », un document qui explique en détail ses plus gros échecs quand un des partenaires du fonds a refusé d'investir car il ne croyait pas en l'affaire et qu'elle s'est avérée extrêmement rentable par la suite[1].

L'erreur est humaine, pourra-t-on penser. Toutefois, ce document contient des détails fort instructifs sur la nature profonde de l'entrepreneuriat. En effet, il indique souvent l'ordre de grandeur de l'erreur effectuée par ces professionnels de l'investissement. Avant d'en révéler les extraits les plus instructifs, remémorons-nous les

1. *Anti-Portfolio*, Bessemer Venture Partners, https://www.bvp.com/portfolio/antiportfolio

nombreuses fois où le débat sur l'entrepreneuriat français fait apparaître un argument quantitatif. Nos 35 heures ? Comparées à 40 heures, cela fait bien... 15 % de plus sur le coût du travail. Et les charges, il s'agit bien de quelques dizaines de pourcent aussi. Et la taxation des plus-values – le débat porte bien sur l'écart entre 30 et 40 % ou entre 50 et 75 % (peu importent les détails, ce qui compte ici est l'ordre de grandeur). Considérons maintenant l'ordre de grandeur des erreurs effectuées par les professionnels de Bessemer, parmi les meilleurs de la planète.

Bessemer aurait pu investir chez Apollo, un constructeur de stations de travail célèbre dans les années 1980, avant son introduction en Bourse, et a décliné l'investissement. Malheureusement, il s'est avéré que cet investissement s'est apprécié en moins d'un an d'un facteur 17. Notez bien que, exprimé en pourcentage, cela fait... 1 700 % d'erreur, et cela pour une entreprise mûre, qui a déjà des produits et des clients !

Autre exemple : Bessemer a eu l'opportunité d'investir chez Apple avant son introduction en Bourse. La valeur estimée de l'entreprise était alors de 60 M$. Le partenaire a refusé et, quelques mois après, lors de l'introduction en Bourse, Apple a atteint la valeur de... 1 700 M$. L'ordre de grandeur de l'erreur ? Un facteur 30 ou, si vous préférez, 2 833 %, toujours pour une entreprise mûre qui a des produits et des clients.

Et Google ? Lors d'une visite chez un ami proche, un des partenaires de Bessemer s'est vu suggérer de passer dire bonjour à l'équipe de Google qui était hébergée à l'époque dans le garage de la maison. Sa réponse fut : « Comment sortir de la maison sans s'approcher du garage ? », tant sa certitude était grande qu'une équipe d'étudiants travaillant sur un moteur de recherche ne pouvait pas être une opportunité valant la peine de perdre son temps ! Par comparaison, son concurrent KPCB a investi chez Google un peu plus tard et a obtenu un retour sur investissement de... 55 000 % !

L'excellente réputation de Bessemer suggère que leurs erreurs avouées ne sont pas des exceptions, au contraire, que tous les investisseurs professionnels se trompent avec de tels ordres de grandeur souvent énormes.

Que doivent nous inspirer de telles erreurs ? Elles permettent de ressentir que l'entrepreneuriat d'opportunité est vraiment « incertain », c'est-à-dire intrinsèquement difficile à prédire, et non pas « risqué ». Risqué voudrait dire qu'établir un plan fait sens et que celui-ci a une bonne chance d'être proche de la réalité. Mais les échecs de Bessemer démontrent combien il est impossible, même pour les meilleurs, même pour des entreprises relativement mûres, de « prévoir » le futur.

En entrepreneuriat d'opportunité, la plupart des projets ne donnent rien, ou alors survivent juste – ce que la Silicon Valley appelle des « zombies ». Seule une minorité de projets permet de rendre un portefeuille d'investissements rentable, réussissant au-delà de ce qu'il aurait été raisonnable d'espérer.

Dans ce type de situation, s'inquiéter d'écarts d'impositions sur les plus-values de 10 ou 20 % dans un écosystème donné peut prêter à sourire. De même qu'un différentiel sur le coût du travail. En effet, s'il est vrai qu'un léger écart sur ce facteur peut rendre viable (ou non) un projet, la chance que cela le transforme en projet d'opportunité est quasi négligeable dans une économie à forte valeur ajoutée. Il est difficile de se souvenir d'un succès entrepreneurial dans une économie occidentale, en Silicon Valley, à Londres ou à Tel Aviv, qui ait été dépendant d'un coût du travail à 10 ou 20 % près !

Voilà donc le problème de la logique « marginaliste » consistant à se concentrer sur des chiffres à la marge, alors que l'entrepreneuriat d'opportunité est la plupart du temps imprévisible, avec des sorties en échec total ou réussite extraordinaire. Cette logique ignore que, *dans les dynamiques d'opportunité*, la plupart des facteurs sont par défaut des facteurs d'hygiène. La viabilité puis la croissance vont venir de ce que l'équipe entrepreneuriale va « faire », de son agilité à trouver une innovation et de sa capacité à faire jaillir de la valeur.

Ne pas se concentrer sur la marginalité de certains chiffres n'est pas de l'inconscience, ni un manque de sens des affaires. Évidemment, tout bon entrepreneur doit avoir le sens de la valeur. Il doit penser qu'« un sou est un sou ». Et il y a des contextes où certains coûts, comme le travail, l'énergie ou l'eau, sont particulièrement bas, ce qui peut constituer une opportunité en soi. Nous en reparlerons plus loin, quand nous revisiterons le fait que toutes les nations n'ont pas les mêmes avantages comparatifs.

Ne pas tomber dans le piège du marginaliste ne veut pas non plus dire qu'on doit toujours ignorer les marges, car certaines activités nécessitent de se préoccuper du coût marginal du produit. Par exemple, lorsqu'une personne démarre une activité de commerce ou de restauration impliquant des mécanismes ou des ressources innovantes mais potentiellement chères en coût variable, elle doit travailler sur les composantes de sa marge !

Si un projet semble impossible dans une logique « marginaliste », cela peut vouloir dire qu'il est mal né, par exemple, lorsque l'on s'engage dans une stratégie de coûts bas dans un écosystème dont ce n'est pas la force. Une autre possibilité est que le projet entrepreneurial est dans une logique de nécessité, auquel cas la logique marginaliste est justifiée. En effet, si l'on rentre dans un marché sans grande croissance, sans grande marge, ni grande innovation à venir, il est effectivement problématique d'avoir *a priori* une structure de coût lourde.

Retournons par exemple au projet de Michel, notre entrepreneur fictif qui envisage de reprendre un bar-tabac dans le Massif central. Il est certain que les charges, le temps de travail, etc., constituent autant d'obstacles prévisibles à la survie d'une telle entreprise. Dans un tel cas, notre recommandation est d'examiner comment transformer ce projet de nécessité en un projet d'opportunité, pour laquelle la France offre un environnement très favorable. Nous illustrerons différentes manières de faire cette bascule tout au long de l'ouvrage, échappant par là même à la logique marginaliste.

La logique marginaliste est souvent à l'œuvre dans les critiques du système français, par exemple avec son obsession de la rentabilité des investissements par la défiscalisation et la fétichisation du coût du travail. Elle joue donc un rôle central dans le malentendu français sur l'entrepreneuriat.

Les approches traditionnelles (établir un business plan, avec de gros investissements et des coûts bas) sont tellement ancrées dans les mentalités qu'il faut un certain temps de maturation avant d'accepter de voir le monde sous forme de *bootstrapping*, de Lean, d'effectuation, d'avantages comparatifs, etc. La bascule nécessite d'abandonner une approche fondée sur de racoleurs tableaux de projections Excel et présentations PowerPoint.

Un temps de formation est nécessaire pour abandonner ces idoles et se focaliser enfin sur les manières de créer de la valeur autour de ses goûts, de ses compétences et de ses relations. Du temps et du courage surtout pour abandonner la planification afin de développer ses capacités à prototyper, produire en trouvant la combinaison judicieuse de ressources comparativement avantageuses dans son écosystème, se lancer et vendre ses produits..., le tout avant d'avoir levé le premier centime.

Même la Silicon Valley a tardé à basculer dans ces logiques, sur lesquelles néanmoins la plupart des cours d'entrepreneuriat dans les grandes universités américaines sont maintenant fondés. Il ne faut dont pas perdre l'espoir qu'elles s'imposent dans le discours public en France et contribuent à mieux reconnaître notre compétitivité dans l'entrepreneuriat d'opportunité, ou tout du moins à neutraliser des critiques infondées. Par exemple, nous examinerons plus loin les arguments précis de ces inquiétudes marginalistes spécifiques à la France, en particulier la disponibilité de capitaux et les coûts du travail.

Nous avons donc maintenant les bases méthodologiques permettant d'évaluer correctement un écosystème en se focalisant sur l'entrepreneur d'opportunité. Nous savons qu'un écosystème n'a pas besoin d'être le meilleur du point de vue des facteurs d'hygiène, mais n'est motivant qu'à la hauteur des facteurs d'opportunité qu'il offre. Comment se présente donc cette équation pour la France ?

II

À la recherche des facteurs cachés de création de valeur

Un discours sur l'attractivité doit commencer par ce qui est attrayant. Toutefois, une simple liste des facteurs d'excellence de la France ne serait pas très convaincante, même si elle est assez classique : la France brille dans certains secteurs économiques, tel le luxe ; nos ingénieurs sont bien formés ; notre infrastructure est bonne, etc.

Cette approche par liste ignore les ressorts fondamentaux de l'entrepreneuriat. En effet, l'émergence d'une organisation viable dans un système économique complexe n'est pas un phénomène simple où l'émergence d'une entreprise est réductible à la somme des influences des facteurs de son environnement.

Tout écosystème entrepreneurial est un système et, comme dans tout système, la dynamique va souvent suivre des cercles vertueux : un facteur (par exemple la technicité) aide à la performance (par exemple l'innovation) qui mène à une autre performance (par exemple des clients) qui mène à un facteur (par exemple des investisseurs) qui mène à de la performance (par exemple de nouvelles innovations), etc. Essayer d'attribuer ce cercle vertueux à ces facteurs indépendamment les uns des autres ne reflète pas bien la dynamique entrepreneuriale.

La performance économique est rarement le simple fait de facteurs exogènes (c'est-à-dire extérieurs), comme par exemple des ressources rares tels le pétrole, la terre, l'eau, etc. Plus le système économique mondial se complexifie, moins la richesse provient directement d'une entrée (un « input ») dont on voit facilement et directement la transformation en sortie (un « output »).

Au contraire, il a été démontré que l'abondance d'une telle ressource rare et facile à extraire est plutôt défavorable à l'entrepreneuriat, créant ce que l'on appelle une « malédiction des ressources ». L'économie algérienne, comme celle de nombre de pays d'Afrique ayant une importante ressource pétrolière, illustre particulièrement cette malédiction. Sa ressource principale, le pétrole, est facile à extraire et facilement exportable. La richesse créée est alors facilement canalisée entre les mains de quelques oligarques liés à l'État. L'économie s'organise autour de ce flux et ne ressent pas le besoin d'investir dans la multitude de détails qui permettraient de créer de la richesse dans le système, à commencer par la formation de sa jeunesse. La population est peu impliquée dans le cycle économique, peu formée, démunie, et un cercle vicieux s'établit. La ressource facile a tué l'entrepreneuriat.

À l'opposé de cet enchaînement néfaste, l'économie singapourienne dispose d'une ressource moins évidente car elle nécessite de mettre en place une grande sophistication institutionnelle. En effet, sa position géographique stratégique entre l'Asie du Sud-Est et le sous-continent indien permet à cette économie de jouer un rôle important dans le commerce international. Mais, pour cela, de multiples infrastructures, institutions et réseaux doivent être mis en œuvre. Évidemment, la population doit être formée pour pouvoir apporter de la valeur ajoutée autour des activités commerciales. L'État doit fonctionner correctement pour assurer la stabilité et la légitimité des activités économiques et juridiques. Un certain nombre de réseaux doivent atteindre une masse critique de performance, que ce soit dans l'infrastructure portuaire ou le tissu bancaire.

Ce sont ces types de chaînages qui font les bons écosystèmes entrepreneuriaux. Une fois la pompe amorcée, le succès appelle le succès : le commerce stimule la banque ; le système financier facilite le commerce ; le personnel formé stimule l'activité économique ; l'activité économique et la montée des salaires motivent la population à se former, etc.

Un système entrepreneurial qui fonctionne bien est donc une tornade, un immense cercle vertueux. Les tissus entrepreneuriaux performants se distinguent souvent par les *institutions*, les *facteurs immatériels* et les *réseaux* qui les irriguent.

Un entrepreneur doit reproduire ce cercle vertueux à son échelle : une idée amène des collaborations ; ces collaborations amènent des prototypes ; lesquels amènent des clients ; qui forcent à améliorer l'idée et sont prêts à payer pour le produit ; ce qui permet de produire plus et mieux, pour satisfaire plus de clients... Cette idée fut concrétisée dès les années 1990 par la terminologie de Geoffrey Moore, qui décrit la croissance d'innovation comme une « tornade[1] ».

Les facteurs de succès sont donc souvent plus subtils que la simple disponibilité de pétrole, de capital ou de libre marché.

Pour la France, nous discuterons de trois facteurs fondamentaux qui constituent autant de facteurs d'opportunité remarquables et qui s'amplifient mutuellement : le rôle de l'État, le patrimoine et la marque, et le capital humain.

1. Moore, *Inside the Tornado. Marketing Strategies from Silicon Valley's Cutting Edge*, New York, HarperBusiness, 1995.

4

Les charmes discrets d'un secteur public et militaire fort

En apparence, un écosystème entrepreneurial étant le lieu d'innovation, de *destruction créatrice*, il peut sembler la preuve de la force du marché dans sa plus grande liberté. L'esprit du capitalisme semble résider dans cette liberté et dans la libération des forces vives. La suppression des barrières au commerce et à l'entrepreneuriat est associée naturellement à la libération d'opportunités de marché et à la création de richesses. L'entrepreneuriat semble lié de manière univoque à la liberté.

Néanmoins, cette présentation simplifie grandement la nature profonde du progrès économique, dont on va voir qu'il ne dérive pas seulement de la non-intervention. Par exemple, la révolution industrielle a eu certes lieu dans un esprit de libération économique. Mais, en même temps, elle a été rendue possible par la présence d'un État fort qui en a assuré les conditions d'émergence. Aujourd'hui encore, l'État joue un tel rôle.

L'État, acteur incompris mais fondamental pour l'entrepreneuriat

Établissons brièvement la liste des actions de l'État, pour se souvenir de l'importance de son rôle en faveur de la croissance. Tout d'abord, l'État sécurise les ressources de base nécessaires au développement économique. Par exemple, à l'origine de la révolution industrielle, les États français et britannique développèrent une marine et une politique coloniale qui assurèrent un réseau d'approvisionnement de ressources à bas prix en provenance de toute la planète, et en particulier d'Afrique de l'Ouest et du Nord pour la France, et l'Afrique de l'Est et d'Inde pour le Royaume-Uni.

À l'époque moderne, une bonne part de la politique étrangère et militaire américaine tourne autour du contrôle du pétrole. La France maintient une politique extérieure et un budget militaire hors norme afin de continuer à bénéficier de l'accès à diverses ressources dans une zone élargie qui va bien au-delà des frontières nationales.

Pour être concret, l'aventure d'Elf et de Total n'existerait pas sans l'État (ceux-ci ayant été d'ailleurs des entreprises d'État pendant une bonne part de leur existence). Par ailleurs, l'existence d'Elf et de Total a permis l'apparition d'entreprises de technologie et d'exploration telles que Comex (leader mondial dans l'ingénierie sous-marine) ou Vallourec (leader mondial en tuyaux).

Prenons un autre exemple de réussite entrepreneuriale française où l'État joue un rôle important. Le groupe Bolloré a ses racines dans une activité papetière, laquelle a été diversifiée relativement récemment dans le commerce, les transports et les infrastructures. Ces activités de commerce se concentrent notamment en Afrique de l'Ouest, où elles bénéficient de la présence géostratégique française, historique dans cette zone[1]. Les développements dans la batterie et la voiture électrique profitent de l'aide de l'État mais aussi d'accords avec des municipalités comme pour le déploiement d'Autolib', un service de véhicules électriques en libre-service à Paris.

Les entreprises ayant une relation forte avec l'État peuvent utiliser le contrôle de médias pour avoir un levier d'influence sur le politique. Cela a été bien illustré depuis des décennies par Lagardère (présent dans les médias avec Hachette par exemple) et Dassault (présent dans les médias avec par exemple *Le Figaro*). Fort logiquement, Bolloré se retrouve donc à investir aussi dans les médias, ayant pris le contrôle de Vivendi et très visiblement de Canal+ en 2015. Bolloré représente donc une aventure entrepreneuriale extraordinaire, mais ancrée dans une relation profonde avec un État fort.

L'État fournit aussi des investissements d'infrastructures, par exemple dans les réseaux de transports, et les infrastructures télécoms, ce qui déclenche ce que l'on appelle des « externalités ». Ces investissements ne sont

1. Thomas, « Les guerres africaines de Vincent Bolloré », *Le Monde diplomatique*, avril 2009.

pas uniquement matériels, mais concernent aussi l'éducation ou l'innovation. Par exemple, la France a activement participé à l'élaboration de la norme GSM à travers ses centres de recherche et ceux de l'entreprise étatique France Télécom, ce qui a contribué à l'émergence de champions comme Alcatel.

Observons cette logique sur deux des plus célèbres écosystèmes entrepreneuriaux. Tout d'abord, considérons la Silicon Valley. Cet écosystème en apparence ultralibéral est en réalité fondé sur des budgets militaires. Au début de l'histoire moderne de cette région, il y a le développement de la microélectronique, incarné par Frederick Terman, qui donnera son nom au bâtiment du département d'ingénierie à Stanford. Ce professeur génial reçoit après la Seconde Guerre mondiale d'énormes budgets militaires pour développer le radar. Son département devient alors une machine à former des générations d'entrepreneurs, tels les fondateurs d'Intel ou de Hewlett-Packard.

Jusqu'à une époque récente, les budgets militaires étaient la source principale de financement de la Silicon Valley, loin devant le capital-risque qui est une invention récente. Dans les années 1980, Oracle a comme premier client... la CIA, car les tables SQL permettent de mieux isoler les informations secrètes au sein de cette agence. Ceux qui doutent de la profondeur de cette relation peuvent remarquer que l'amiral Bobby Ray Inman, qui a fait sa carrière dans les renseignements, a siégé longtemps au conseil d'administration d'Oracle, une faveur que l'on n'accorde pas à un *simple* client.

Mentionnons le plus important des facteurs d'innovation moderne : Internet. Ce système, ouvert parmi les systèmes ouverts, a été développé par la DARPA, l'agence américaine de recherche avancée pour la Défense.

Tournons-nous maintenant vers la « Start-up Nation », expression qui désigne Israël dans un livre éponyme exaltant les qualités entrepreneuriales de l'État hébreu[1]. L'une des thèses du livre est qu'Israël tire son extraordinaire qualité de ce que ses entrepreneurs... sont passés par l'armée (du fait de la conscription obligatoire). Dans le cas particulier d'Israël, le passage par l'armée confronte chaque génération, hommes et femmes confondus, à un esprit de débrouillardise et d'action favorable à l'entrepreneuriat.

Cet argument sous-estime encore l'impact du militaire dans cette affaire. En effet, il se focalise sur le passage par l'armée des entrepreneurs israéliens, identifiant d'importants gains en termes de capital humain (savoir), social (réseau) et comportemental (attitude). Au-delà de ces aspects, Israël est dans une situation géopolitique nécessitant un très fort budget militaire, autour de 6 % du PNB, très supérieur à celui des autres nations

1. Senor et Singer, *Israël, la nation start-up. Les ressorts du miracle économique israélien*, Paris, Maxima, 2011.

occidentales[1]. Cela implique que les dépenses militaires en innovations directes et indirectes, à travers les universités, les centres de recherche plus ou moins militaires, sont disproportionnées par rapport à la taille de son économie. Ces moyens disproportionnés entraînent des retombées sur le développement technologique et sur son appropriation par la jeunesse.

Ccla pcut alors sc combincr avcc un *ethos* de l'action et du bricolage issu de l'expérience de « guerre » (la thèse de l'ouvrage « Start-up Nation ») pour générer l'un des écosystèmes les plus actifs de la planète dans le domaine des technologies.

On peut d'ailleurs souvent tracer de manière directe le lien entre les succès entrepreneuriaux israéliens et leurs racines militaires[2]. Israël s'est doté d'unités de guerre électronique, dans lesquelles les jeunes non seulement développent un état d'esprit de débrouillardise remarquable, mais surtout sont formés au meilleur niveau dans l'usage des systèmes de communication moderne. À elle seule, une de ces unités – désignée souvent sous le nom de 8200 – fournit un nombre impressionnant de fondateurs de startups de haute technologie, dont par exemple ceux de Check Point Software (antivirus) et ICQ (messagerie).

1. « Dépenses militaires (% du PIB) », Banque mondiale, 2014, http://donnees.banquemondiale.org/indicateur/MS.MIL.XPND.GD.ZS

2. *Silicon Wadi*, Wikipédia, https://en.wikipedia.org/w/index.php?title=Silicon_Wadi

Les institutions à la rescousse des effets d'échelle et de club

Pour bien comprendre à quel point l'État peut être indispensable à l'émergence entrepreneuriale, il convient de maîtriser le concept d'*effet d'*échelle et en particulier l'*effet de club*. Un effet d'échelle a lieu lorsqu'un produit ou service devient d'autant plus rentable que le volume augmente. Le cas le plus connu est lié à la production, quand les coûts diminuent avec le volume. Cependant, si l'on se focalise non plus sur la production mais sur l'usage du produit, apparaît alors l'effet le plus crucial et le moins bien géré : l'effet de club.

Considérez un instant la stratégie à adopter si vous venez d'inventer un service de messagerie par Internet, tel WhatsApp ou Snapchat : comment aborder ce marché ? Obtenir le premier client est extrêmement difficile : quel serait l'intérêt d'utiliser un tel service si on est pratiquement seul sur Terre à l'utiliser ? Ce premier client semble impossible à trouver tant qu'il n'y a pas d'autres clients, ce qui pose un grave problème d'œuf et de poule.

On voit ici que le lancement peut être redoutablement difficile pour un tel produit dont la valeur ne s'apprécie qu'avec le nombre d'usagers, d'où le nom que l'on donne à cette problématique, l'*effet de club*.

Cet effet est un cas particulier du phénomène plus général d'effet d'échelle et implique donc qu'il faille dépasser une *masse critique* avant que le produit soit viable.

Ces effets sont fondamentaux pour les entrepreneurs qui sont couramment confrontés à des problématiques de montée en charge, d'adoption, par exemple pour démarrer une place de marché ou tout nouvel outil de communication. Une solution pourrait être de déverser un torrent d'argent pour essayer de surmonter cet obstacle, par exemple en achetant massivement de la publicité pour inciter les utilisateurs à commencer à utiliser son produit au même moment. Avec de l'argent, on peut aussi envisager d'offrir des cadeaux aux premiers utilisateurs d'un service de messagerie, pour créer une base d'utilisateurs qui justifiera l'usage ultérieur par le reste de la population cible. Dans tous les cas, le but est d'atteindre la masse critique, celle où il est logique pour le consommateur moyen d'installer ce nouveau service de messagerie en étant sûr que beaucoup d'autres l'utilisent déjà.

Même si cette approche – où l'on tente de dissoudre le problème par une pluie d'argent – est attrayante pour toute personne en train de rédiger un business plan, elle n'est pas brillante et se révèle très dangereuse. En effet, elle implique d'investir *avant* de savoir si le produit est adoptable par les clients.

Alors, que doit faire le bon entrepreneur, quelle pourrait être une bonne stratégie ?

La solution la plus élégante et la plus universelle consiste à trouver un *scénario d'usage* dans lequel l'effet de club n'est plus un handicap. Par exemple, on peut identifier les situations où deux utilisateurs seulement peuvent avoir le plein usage de leur service de messagerie. Ainsi, dans le marché des expatriés, des personnes qui veulent communiquer avec leur époux, enfants, parents pourraient être tentées d'être les premiers utilisateurs « en paire » d'un nouveau service de messagerie, par exemple s'il coûte moins cher que de recevoir des SMS à l'international (cela a constitué un des ressorts de l'adoption de WhatsApp).

Ce type de segmentation permet de commencer à vendre au plus tôt, avant que le parc soit bien établi, et de limiter les besoins d'investissement. Cette réponse est bien meilleure et peut être déclinée à l'infini.

Par exemple, Mark Zuckerberg a bien senti l'énorme effet de club, donc *a priori* l'obstacle important au développement de Facebook. Toutefois, sur suggestion des frères Winklevoss, il comprend très vite que son usage sur la toute petite population ciblée d'une seule promotion d'Harvard pourrait permettre d'atteindre la masse critique. Ensuite, il suffira de faire entrer sur Facebook – dans un effet de domino permettant de toucher des populations de plus en plus larges – successivement les autres élèves d'Harvard, puis du MIT, puis des universités de New York et de la côte Ouest, puis les anciens de ces universités, et enfin toute la population mondiale.

Cette stratégie ne s'appuie donc pas sur du marketing coûteux nécessitant une levée de fonds. Les fonds d'investissement viendront d'ailleurs par la suite le harceler pour investir dans Facebook, ce type de croissance naturelle étant le signe d'un vrai succès à venir. Mark Zuckerberg acceptera de lever des fonds pour accompagner sa croissance naturelle, mais refusera de manière remarquable d'être racheté par de riches concurrents, dont Microsoft.

Quel rapport avec les effets de club, le rôle de l'État et celui de l'armée ? Dans l'exemple de Facebook, il existe une tactique pour déclencher l'usage et que celui-ci se répande. Mais cela n'est pas toujours possible et, dans ces cas-là, un autre scénario classique apparaît. Il s'avère que l'État et les militaires en particulier sont de grands consommateurs d'innovations technologiques, ont les moyens de leur appétit, et surtout peuvent imposer l'usage sur leur parc d'utilisateurs.

Prenons comme exemple un produit de communication pré-Internet, le télécopieur, communément appelé fax. Si l'on aborde le lancement du service fax de manière classique, avec business plan, investissement marketing, cela peut être une catastrophe. En effet, tant que personne d'autre ne l'utilise, difficile de convaincre qui que ce soit d'acheter cet équipement coûteux.

Heureusement, le fax a un scénario d'usage naturel : on peut installer 50 fax dans les 50 bases aériennes de l'armée, afin de pouvoir envoyer les cartes météo. C'est un usage très adapté de l'outil, car la carte météo est un objet visuel. De plus, il n'y a pas d'obstacle dû à l'effet de club pour ces 50 premiers fax, car ils se suffisent à eux-mêmes. Par la suite, l'usage du fax va rayonner dans la marine, vers d'autres usages militaires, puis vers les sous-traitants de l'armée, puis dans toute l'industrie, et enfin dans le grand public.

Ainsi, entre l'invention du fax, au milieu du XIXe siècle, et son premier usage militaire pendant la Seconde Guerre mondiale, il s'écoule un siècle d'attente. Immédiatement après, dans les années 1950, le fax commence à être déployé par la NOAA, l'organisme de météo américain dont l'importance stratégique et le financement à objectif militaire sont évidents. Les années 1960 verront alors le fax se répandre dans l'industrie, jusqu'à son apogée dans le grand public dans les années 1990.

Le fax est un cas d'école illustrant le mécanisme par lequel les dépenses militaires permettent l'innovation et l'entrepreneuriat. En particulier dans le domaine de la technologie et de la communication, les militaires remplissent toutes les conditions pour faire émerger des produits innovants. Ils ont souvent un usage très anticipé de la technologie et souffrent rarement d'effet de club, car une armée est souveraine et gère ses propres systèmes de communication en vase clos. Enfin, les militaires ont de gros budgets avec un seul payeur, l'État.

L'adoption d'Internet est l'exemple le plus remarquable de la capacité d'un État à amorcer une révolution technologique coûteuse et dangereuse en raison de l'effet de club. En France, on retrouve de tels effets durant l'aventure du Minitel ou lors du développement du GSM, toutes deux des technologies de communication coûteuses et à fort effet de club pour lesquelles l'État français a joué un rôle stratégique.

De Colbert au Rafale, trois siècles d'étatisme au service des entrepreneurs

Comment la présence étatique se décline-t-elle dans l'écosystème français ? Depuis l'époque de Colbert, la France a une posture géostratégique coloniale qui s'appuie sur la stimulation d'initiatives privées conjointes à des dépenses militaires conséquentes. Dès cette époque, les infrastructures, tels les canaux de navigation et les comptoirs commerciaux, et les productions de matériel, tels les bateaux de guerre et leurs chantiers navals, vont stimuler une activité entrepreneuriale remarquable. Comment ne pas reconnaître cet héritage dans le déploiement de Bolloré en Afrique de l'Ouest, ou les investissements de Dassault pour maintenir une production d'avions de chasse ?

Même si l'on peut penser que les politiques s'homogénéisent en Europe, la France conserve un important budget militaire, représentant un pourcentage de PIB de *quasi 1 % de plus* que celui de l'Allemagne[1]. La France est notamment l'un des plus gros exportateurs d'armes dans le monde, régulièrement classée juste derrière les États-Unis et la Russie, et maintenant la Chine[2]. Cela exerce des effets d'entraînement sur de nombreux domaines, tels que l'aéronautique (avec des champions comme

1. http://data.worldbank.org/indicator/MS.MIL.XPND.GD.ZS

2. R.L.W. et L.P., « Measuring the Arms Merchants », *The Economist*, 18 mars 2014, http://www.economist.com/blogs/graphicdetail/2014/03/daily-chart-13

Dassault et EADS), les télécommunications (avec Alcatel, Altran) ou la microélectronique (Thales).

L'État français exerce une influence directe sur certaines technologies, en tant que client, mais aussi de manière indirecte quand l'entrepreneur profite de tout un écosystème d'innovation. En France, cela recouvre par exemple la formation dispensée dans nos meilleures écoles d'ingénieurs, un domaine dont nous reparlerons dans le chapitre 6.

Le secteur public pour les entrepreneurs en herbe

Comment les entrepreneurs d'opportunité doivent-ils aborder l'avantage particulier de la présence de l'État dans notre système ? Revisitons les cas de nos entrepreneurs types présentés page 28, pour examiner comment le prendre en compte de manière positive.

Pour Clara, dans le luxe, et José, dans la pâtisserie, l'impact du secteur public ne va probablement pas se faire sentir de manière directe, hormis peut-être à travers la disponibilité d'un personnel formé dans un système éducatif de qualité. Clara et José semblent plutôt partis pour bénéficier du facteur d'opportunité « patrimoine ». Nul besoin d'imaginer qu'ils pourront profiter simultanément de *tous* les avantages comparatifs du système français.

Quant à Valérie, pour la prestation de service high-tech, elle a l'embarras du choix des domaines et des modalités par lesquels elle peut bénéficier des largesses de l'État. Bien entendu, elle peut commencer par profiter d'un écosystème riche en ingénieurs très bien formés dans un spectre large de technologies. Au-delà de ce capital humain, l'opportunité pour Valérie de profiter de la force du secteur militaire ou public dépend du segment de produits et clients qu'elle envisage de cibler. Si elle veut développer une startup Internet dans le e-commerce, ou toute variante « à la mode », l'effet est faible. En revanche, sa société d'ingénierie l'a peut-être exposée à des produits à destination des entreprises et en particulier dans des marchés publics et parapublics à forte composante technologique.

Ainsi, les ingénieurs d'Altran, de Capgemini, de Solving et de Booz Allen ont une compétence pour travailler avec le ministère de la Défense, la SNCF, EDF, la COGEMA (nucléaire), etc. Si Valérie a acquis une telle expérience, elle pourra identifier des besoins technologiques non satisfaits par le marché, et travailler à les pourvoir.

Le conseil et l'ingénierie sont des domaines où l'on peut conclure des contrats de taille croissante, à forte composante humaine, donc avec un besoin d'investissement quasi nul. Un exemple fascinant de cette stratégie est fourni par les trois fondateurs de Blizzard, un leader des jeux vidéo. Au début des années 1990, ces anciens élèves d'UCLA furent tentés de créer leur propre jeu vidéo, mais ils comprirent que se lancer frontalement dans cette activité était aléatoire et surtout très coûteux. Comment ont-ils modifié leur approche afin de pouvoir suivre la logique Lean ? Ils ont commencé par faire de la prestation de service, en effectuant le « portage » de jeux vidéo existants, c'est-à-dire la réécriture du programme d'un environnement (exemple : Windows) vers un autre (exemple : Apple). Cette activité de service leur a permis de générer immédiatement des revenus en exploitant leurs compétences de départ. De plus, ils en ont profité pour apprendre les meilleures pratiques en ayant accès aux secrets de programmation de leurs futurs concurrents ! Enfin, cette stratégie leur a permis de constituer une équipe solide et de croître en attendant de tomber sur la bonne idée. Au bout de quelque temps, ils ont pu naturellement et sans investisseurs lancer leur propre jeu, Warcraft, qui deviendra l'un des hits de cette période et donnera lieu à de nombreuses déclinaisons.

S'inspirant de cette approche, Valérie devrait considérer la possibilité de commencer par du conseil ou du développement « à façon », sans obligatoirement se focaliser au départ sur l'idée ou le financement. Une fois sa petite mécanique mise en place, elle sera plus à même de saisir des opportunités.

Cette stratégie a été suivie avec succès par une génération d'entrepreneurs dans les années 1980 et au début des années 1990. Ces derniers avaient réalisé des développements dans le multimédia, principalement pour France Télécom, ou avaient engrangé quelques succès en propre dans le Minitel.

Marc Simoncini (Meetic), Xavier Niel (Free), Jean-David Blanc (AlloCiné), Henri de Maublanc (Aquarelle) font tous partie de cette première génération d'entrepreneurs IT français. Directement ou indirectement, ils ont été grandement aidés par la largesse de l'État qui a été prêt à financer le déploiement d'un parc de terminaux Minitel, dont les premiers bénéficiaires seront les entrepreneurs du 3615 lorsque celui-ci prendra son essor.

Surtout, ils ont tous développé une plate-forme de compétences qui leur permettra de connaître une extraordinaire croissance durant la bulle Internet. Ces années parfois modestes sont le socle de leur succès, leur donnant un énorme avantage compétitif face à ceux qui croyaient en 1997 que tout était dans l'idée et dans la présentation PowerPoint envoyée aux investisseurs. Eux avaient des structures, des équipes de programmeurs et l'expérience du marketing à bas prix. Si certains d'entre eux avaient déjà gagné de l'argent dans les années 1980, ils vont faire fortune à la fin des années 1990.

Valérie devrait donc s'en inspirer en réfléchissant à l'activité de conseil et de développement « à façon » (c'est-à-dire développée pour des tiers) qu'elle pourrait initier. Cela lui fournirait une plate-forme pour ses développements ultérieurs : une structure juridique qui fonctionne, avec ses locaux, ses équipes, sa technicité. Ultérieurement, cette plate-forme pourrait alors lui permettre de capturer des opportunités en développant ses produits ou services en propre... ou continuer à croître comme entreprise de conseil.

Qu'en est-il de Michel ? Comme on l'a vu, son activité de bar-tabac risque de n'être rentable qu'à la marge, voire de ne pas l'être du tout. Pour Michel, l'État va donc vite apparaître comme un coût sous forme de charges, et surtout comme un carcan. Il en viendra vite à pester contre tel ou tel service étatique ou paraétatique, contre toutes ces procédures administratives qui vont rapidement l'incommoder. Par exemple, il se lamentera, soutenant que le raccordement à EDF pourrait prendre beaucoup moins de temps et que certains de ces services fonctionneraient certainement mieux dans d'autres pays...

Pourtant la fourniture d'électricité n'est qu'un facteur d'hygiène pour la plupart des entrepreneurs. La lourdeur potentielle d'EDF n'est pas un facteur limitant dans l'immense majorité des cas, en tout cas pas pour monter un bar-tabac. Si en gérant son bar-tabac Michel se retrouve à critiquer les infrastructures de son point de vue d'entrepreneur de nécessité, peut-être n'a-t-il pas eu la chance de voir l'opportunité que celles-ci représentent.

En effet, Michel habite dans le Sud-Ouest, une région relativement ensoleillée. Durant les années 2000, la force publique a décidé de stimuler la production d'énergie solaire pour de multiples raisons, notamment compte tenu des problématiques de réchauffement climatique. De plus, la montée en puissance est nécessaire pour assurer la pérennité sur le long terme du grand nombre de nos champions nationaux dans le domaine énergétique, tels Total, EDF, Suez ou Bolloré. Une telle approche correspond bien à la tradition de politique industrielle à la française où l'État intervient directement dans les marchés s'il le faut. Ainsi, une politique agressive est imposée par l'État à EDF, qui se voit obligé d'acheter toute énergie solaire à un prix préétabli et très avantageux pour le producteur. Cette politique crée une poche d'opportunités pour une première génération d'entrepreneurs dans le domaine des énergies renouvelables. Ceux-ci se lanceront dans l'installation de toits couverts de cellules photoélectriques, et même se placeront en intermédiaires entre EDF et les possesseurs de ces bâtis, par exemple des paysans possédant des fermes dont le toit peut être fort judicieusement remplacé lors de cette opération.

Michel a une expérience industrielle et il sait manager : il a donc en main toutes les cartes pour explorer cette opportunité. Même si celle-ci n'est pas éternelle dans la mesure où de telles subsides ont tendance à disparaître, se lancer dans ce type d'opération aurait beaucoup plus de potentiel que le bar-tabac. L'énergie renouvelable est un marché à forte croissance à long terme, et il est à parier qu'il continuera à être stimulé par l'État. Ce type d'analyse pourrait permettre à Michel de se transformer, d'entrepreneur de nécessité pestant contre son écosystème, en un entrepreneur d'opportunité bénéficiant des largesses de notre politique industrielle.

En résumé, grâce à la forte présence de l'État, la France bénéficie d'une source de dynamisme qui a également fait ses preuves dans la Silicon Valley ou en Israël. Notre secteur public est crucial pour les développements entrepreneuriaux, en particulier ceux en rapport avec le secteur militaire, et leurs retombées dans les domaines technologiques.

Bien entendu, l'État n'agit pas seulement par le militaire. Nous verrons par exemple dans d'autres chapitres le bénéfice pour les gérant de cliniques privées d'une politique de santé publique forte, ou pour les producteurs dans l'audiovisuel d'une politique culturelle forte.

L'État français a les moyens, l'usage (pour des raisons stratégiques) et les motivations (de politique industrielle) de faire émerger des solutions technologiques, de stimuler des effets de réseaux importants, de déléguer ses prérogatives à des entrepreneurs privés. L'entrepreneur qui l'ignorerait pour ne voir en l'État qu'une source de lourdeurs le ferait à ses dépens...

5

Patrimoine, patrimoine chéri

L'opportunité entrepreneuriale émerge souvent de facteurs difficiles à quantifier. Analyser cette émergence nécessite ainsi de prendre de la distance avec une approche simpliste de l'économie, celle où l'on se concentre sur les ressources quantifiables et le capital. En fait, l'entrepreneuriat dérive de facteurs immatériels subtils qui font toute la différence.

Zone d'ombre dans l'analyse de la croissance économique

Méthodologiquement, l'économie orthodoxe fournit un corpus d'outils de calcul pour quantifier les facteurs (par exemple travail et capital), et leurs relations dans le système économique et social. En cela, elle se focalise sur la quantification et les rendements marginaux des facteurs. Mais, à force de considérer les choses sous l'angle de l'explication quantitative et marginale, l'observateur pourrait en venir à croire que le démarrage de nouvelles entreprises se fonde sur une somme de facteurs de production bien identifiés, et que la richesse créée par ces nouvelles entreprises peut être facilement reliée à ces facteurs. Dans cette vision simpliste, la croissance dériverait de l'accroissement du travail et du capital.

L'erreur d'une telle croyance a été établie : le capital et le travail n'expliquent en réalité qu'une fraction relativement faible de la croissance. Ce paradoxe est souvent désigné comme le problème du *résidu de Solow*, du nom de Robert Solow, le prix Nobel d'économie en 1987, qui l'a mis en évidence. Une fois prise en compte l'augmentation du travail et du capital, une grande partie de la création de valeur reste inexplicable, d'où le terme de *résidu*. Ce résidu varie selon les économies et les périodes, mais il représente souvent plus de la moitié de la croissance[1].

Ce paradoxe a été longuement étudié, par exemple pour expliquer la croissance française pendant les Trente Glorieuses[2], qui semble donc provenir d'autres facteurs plus difficilement quantifiables, tels le capital humain, le savoir et les institutions.

On retrouve cette idée quand on étudie l'entrepreneur, qui doit en fait être un chasseur de résidu de Solow. Car l'opportunité entrepreneuriale au niveau microéconomique ne dérive pas seulement de la disponibilité de capital et de travail à coût avantageux : l'innovation

1. Acs, « The Continued Search for the Solow Residual : The Role of National Entrepreneurial Ecosystem », *IZA Working Paper*, IZA, novembre 2014.

2. Carré, Dubois et Malinvaud, *La Croissance française. Un essai d'analyse économique causale de l'après-guerre*, Paris, Le Seuil, 1972.

et l'entrepreneuriat apparaissent à de nombreux endroits sans lien clair avec le capital ou le travail !

Ainsi, un écosystème comme la France peut très bien être un paradis pour entrepreneurs, même si ces facteurs n'y sont pas particulièrement disponibles (car ils seraient manquants ou trop chers). Il n'y a là aucune contradiction. La vraie question à se poser est donc la suivante : quels pourraient être les autres facteurs cachés, immatériels, qui alimentent donc la création de valeur économique ?

Lorsque l'on étudie régulièrement les succès entrepreneuriaux, deux facteurs semblent jouer un rôle dans la part « inexplicable » de la performance entrepreneuriale en France : le patrimoine immatériel et le capital humain.

Ces facteurs ne couvrent probablement pas la totalité du résidu, mais ils sont particulièrement importants dans notre économie.

Le patrimoine apparaît sous de multiples formes

Commençons par le plus évident des facteurs cachés de l'écosystème français : le patrimoine. Son importance et son ampleur ne sont pas toujours bien appréciées. Au-delà des discours qui caressent dans le sens du poil l'identité nationale de chaque pays, qu'est-ce que le patrimoine a à voir avec l'entrepreneuriat, et pourquoi constituerait-il un facteur d'opportunité si important ?

On va se focaliser ici sur l'aspect immatériel du patrimoine, tout ce qui peut être vu comme l'équivalent, au niveau national, de ce que l'on appelle, au niveau de l'entreprise, les actifs immatériels, ou en anglais le *goodwill*. Il couvre donc tout ce qui est source de valeur et ne s'exprime pas en termes matériels et comptables.

En entreprise, le capital, la terre, les machines, les murs ont une valeur comptable facilement quantifiable. En revanche, quand on rachète une entreprise à un prix très élevé à cause de sa marque ou de ses savoir-faire, cet élément apparaît au bilan bien qu'il n'ait pas de représentation matérielle.

De tels effets sont plus difficilement quantifiables au niveau d'un pays. Pourtant, ces actifs immatériels existent, à commencer par la marque, et la marque France est l'une des plus belles au monde (certes en concurrence avec d'autres marques magnifiques tel le Made in Germany). Dans de nombreuses activités, par exemple le luxe ou l'alimentaire, le simple fait de pouvoir se prévaloir de la France donne un véritable avantage compétitif, une crédibilité, une attention.

Incontestablement, la France n'est pas le seul pays à bénéficier de tels effets, et ceux-ci vont également dépendre de l'industrie concernée. Par exemple, dans le domaine micromécanique, tel que l'horlogerie, la marque Suisse est aujourd'hui supérieure à la marque France, même si la compétence dans la région de Besançon reste au meilleur niveau. Néanmoins, la France est l'une des plus belles marques mondiales, avec un domaine d'application large allant du luxe et de la mode à l'alimentaire, en passant par des domaines plus obscurs, tels la sécurité, les armes et maintenant les objets connectés.

Ce patrimoine joue donc un rôle important en permettant non seulement l'émergence de PME, mais aussi l'accompagnement de leur croissance pour mener à l'émergence de champions nationaux tels L'Oréal dans les cosmétiques et LVMH dans le luxe en général, mais aussi dans les services avec Accor et Sodexo.

Nous ne dresserons pas ici une liste des domaines où le patrimoine français est remarquable, mais il convient de souligner que cela ne se limite pas au luxe. Par exemple, cet effet de patrimoine joue même dans le domaine de l'armement. Notre complexe militaro-industriel jouit d'une histoire longue et encore active d'engagements militaires variés. Cette réputation aide lorsqu'il s'agit de vendre des navires de guerre à la Russie ou à l'Égypte, des avions aux Indiens, des missiles aux Argentins...

Toutefois, le patrimoine, l'actif immatériel, ne se limite pas aux simples effets de marque. Il se matérialise également dans les pratiques, les formations, et une myriade de traditions industrielles localisées.

Ce patrimoine permet à Hermès de maintenir sa production en France, y compris dans des domaines comme le textile ou le cuir. Dans ces domaines manufacturiers, les structures de coûts ont pourtant forcé la majorité des producteurs à quitter la France pour la Turquie, la Tunisie, puis la Chine, et maintenant le Vietnam.

Néanmoins, Hermès va profiter en France de la disponibilité d'artisans pour produire à un niveau de qualité et de créativité compétitif pour de tels produits de luxe. Cet avantage compétitif se combine avec la volonté de conserver la production en France en soutien de la marque. Et, finalement, en s'appuyant sur ce tissu industriel et artisanal, une entreprise comme Hermès contribue aussi à le maintenir vivace, créant les conditions pour la génération suivante d'entrepreneurs du luxe.

Le bâti immobilier fournit aussi un effet de patrimoine important. En tant qu'actif matériel, le bâti est pris en compte par la comptabilité nationale. Néanmoins, l'entrepreneur doit être capable d'évaluer la valeur de ce patrimoine au-delà de sa valeur comptable.

Un entrepreneur qui rénove des fermes dans le Lot pour un usage touristique ou des maisons de retraite pour touristes anglais profite de la disponibilité de tels actifs matériels et de la possibilité de faire surgir de la richesse en réorientant l'usage de ces vieilles pierres. Il part d'un bâti faiblement valorisé et lui donne une valeur par sa requalification au sein d'une culture, d'un esprit, d'un contexte, toutes ces choses que l'on qualifiera de patrimoine.

De manière identique, l'entrepreneur qui démarre une activité de guide aux bords de la Loire ou à Paris crée de la valeur par la simple existence d'un ensemble bâti ou naturel, qu'il ne possède pas mais dont l'existence constitue l'opportunité entrepreneuriale, signalant donc un clair effet de patrimoine.

L'opportunité de patrimoine : en bénéficier ou... la créer

Les opportunités du patrimoine sont très subjectives et malléables, tout patrimoine n'est pas équivalent à une opportunité. L'un des rôles de l'entrepreneur est justement d'opérer cette transformation.

Considérons le cas extraordinaire de Noma, plusieurs fois classé meilleur restaurant au monde, et son chef Redzepi. Le Danemark n'était pas historiquement considéré comme une contrée à fort patrimoine culinaire. Dans ce domaine, d'autres pays disposaient de meilleurs atouts, à commencer par la France ou l'Italie, l'Espagne, et peut-être la Chine, pour ceux qui connaissent la richesse de sa cuisine. Au-delà de l'objectif de nourrir la population locale, le démarrage d'une activité de restauration au Danemark n'apparaissait pas comme une opportunité forte.

Viennent les années 2000. La planète culinaire découvre de nouvelles saveurs. De nouvelles tendances émergent. Le produit local s'impose comme un passage obligé pour une génération de chefs, tel Michel Bras en France. L'avantage compétitif des cuisines fondées sur les épices (la paella espagnole) ou sur des ingrédients généreux (le foie gras français) s'érode.

Quelque part au nord de l'Europe, il existe une tradition culinaire fondée sur des produits rustiques et sobres qui ont été ignorés par des siècles de domination de la « cuisine de cour » à la française. Cette tradition nordique contient les ingrédients d'une révolution.

Il suffira d'un jeune chef inventif, René Redzepi, et de son restaurant, le Noma, pour propulser le Danemark dans le peloton de tête des classements mondiaux en matière culinaire, et par là-même établir la « tradition nordique » comme un mouvement à part entière de la cuisine contemporaine. Le succès de Noma a permis de transformer un patrimoine modeste en un actif exploitable par une génération d'entrepreneurs.

Il y a donc à parier que, dans un pays comme le nôtre, nombre de ressources du patrimoine n'ont pas encore été exploitées, et ne le seront peut-être jamais tant qu'un entrepreneur n'aura pas découvert la manière d'en profiter.

Une autre caractéristique du patrimoine est d'être transportable par un individu, s'il s'est imprégné d'une culture, d'une formation, d'une expérience qui est valorisable ailleurs. Lorsqu'un entrepreneur s'est imprégné du patrimoine français pour aller en faire le meilleur usage à l'étranger, cela doit donc être porté au crédit du potentiel entrepreneurial français, et non à son débit. En effet, si l'opportunité est supérieure à l'étranger – car cet élément de patrimoine y est particulièrement valorisé –, il faut se féliciter de l'avantage que notre pays offre à ses entrepreneurs ! Ainsi, il est tout à l'honneur de la France de voir certains de ses meilleurs ingénieurs partir dans la Silicon Valley. Le même phénomène a lieu pour Israël, et cela est considéré dans ce cas comme une force de l'écosystème de la « Start-up Nation » que ses jeunes soient capables de migrer massivement vers San Francisco.

D'ailleurs, les étrangers ne s'y trompent pas et viennent se nourrir de notre patrimoine. Par exemple, Lise Madsen a fondé Honeyrose Bakery à Londres en l'an 2000. Son idée ? Fabriquer des biscuits bio et de qualité. Son inspiration ? Sa culture danoise la portait culturellement vers les produits authentiques et une proximité avec la nature. À cette époque-là, la mode de la cuisine nordique n'a pas encore émergé, elle ne monte donc pas son entreprise chez elle. En revanche, Londres dispose très tôt d'une masse critique de demande pour les produits bio, son activité démarre donc là. Aujourd'hui, Honeyrose Bakery emploie soixante personnes et fournit Marks & Spencer entre autres.

Quel est le rapport entre Lise Madsen et la France ? Très tôt, elle a choisi de venir s'y former, suivant un CAP Pâtissier à l'école de Lenôtre. Elle restera même dans cette maison pour y démarrer sa carrière en progressant de vendeuse à gestionnaire de magasin. Elle n'a pas monté son activité à Paris car il ne lui semblait pas qu'il y ait de marché pour la pâtisserie bio durant les années 1990, mais en tant qu'entrepreneure elle avait reconnu le patrimoine français, et c'est là qu'elle a démarré sa remarquable carrière.

Parier sur le patrimoine

Même si les grands pays tels que l'Allemagne, le Royaume-Uni, le Japon et les États-Unis possèdent eux aussi un portefeuille patrimonial important, le patrimoine français offre aux entrepreneurs un avantage notable. Pour l'illustrer, poursuivons l'examen des cas typiques que nous avons synthétisés en page 28 : la jeune commerciale Clara, le jeune pâtissier José et l'agent de maîtrise Michel (mais pas Valérie, pour qui le patrimoine ne joue pas de rôle particulier).

Clara est indubitablement en position de profiter de la marque France. Si elle se lance dans le domaine du luxe et envisage une croissance internationale, cette marque est un avantage compétitif dont nombre d'entrepreneurs dans le monde aimeraient bénéficier. Il est à noter que si le démarrage de l'activité entrepreneuriale de Clara a lieu à l'étranger, elle bénéficiera également de cet effet patrimonial, mais de manière très limitée.

Pour José, il bénéficie *a priori* d'un effet de patrimoine limité s'il reste en France pour monter une pâtisserie de subsistance. En effet, il opérera dans un marché où il y a une multitude d'autres boulangeries-pâtisseries comme la sienne. En revanche, il peut s'engager dans une voie d'opportunité en prenant exemple sur ses prédécesseurs, des pâtissiers qui ont transformé une activité artisanale souvent de nécessité en des entreprises de croissance. Par exemple, Christine Ferber est une pâtissière hors pair qui aime son métier et sa région. En quelques années, elle a réussi, depuis sa boutique du minuscule village de Niedermorschwihr au cœur de l'Alsace, à se positionner comme la championne d'un renouveau de la confiture, avec de multiples déclinaisons de cette activité, en publiant un livre, collaborant avec des chefs à l'international, etc. Christine Ferber a exploité astucieusement le patrimoine de son terroir alsacien grâce à une stratégie de communication volontaire.

José peut envisager, lui aussi, une telle trajectoire d'opportunité fondée sur le savoir-faire français en pâtisserie. Il commencera en France, croîtra et pourra ensuite tout naturellement s'étendre à l'étranger. Cette variante est intéressante, mais elle suppose qu'il perce de manière remarquable sur le marché local, à l'image d'entrepreneurs comme Pierre Hermé ou Gaston Lenôtre. Une autre trajectoire d'opportunité s'offre à lui : démarrer directement à l'étranger. Cette opportunité est envisageable car José transporte avec lui un savoir-faire qui se vend très bien à l'étranger. Nombre d'entrepreneurs ont réussi sur ce segment évident, à l'image de Pascal Rigo et sa Boulange à San Francisco.

Le démarrage d'une boulangerie-pâtisserie à l'étranger lui donnerait automatiquement le bénéfice de la marque France, donc augmenterait sa chance de se développer fortement. On peut même envisager la variante consistant à partir à l'étranger, revenir une fois établi là-bas, pour bénéficier d'un effet de patrimoine double : à l'initiation, puis durant la croissance.

Aussi improbable que cet aller-retour puisse paraître, c'est le parcours de Breizh Café : Bertrand Larcher ouvre son premier restaurant de crêpes au Japon en 1995, profitant d'un effet de patrimoine en puisant dans le savoir-faire et le potentiel de marque d'une spécialité culinaire de la tradition française. Fort de son succès au

Japon, il commence à faire circuler son personnel en l'envoyant se former en France. Cela va l'amener à s'installer par la suite à Paris, mettant là en œuvre un effet de patrimoine inversé, car son nouvel établissement va profiter alors d'une esthétique et d'une clientèle japonaise non négligeable. Aujourd'hui, il travaille à l'extension de son entreprise en Chine et aux États-Unis, s'appuyant puissamment sur son double ancrage patrimonial.

Quant à Michel, pour l'instant, il envisage une activité à marge très étroite et très concurrentielle, ne profitant nullement de tout ce qui l'entoure. Pourtant, sa localisation recèle un potentiel de patrimoine important car sa région, le Sud-Ouest, possède un patrimoine architectural, agricole et touristique extraordinaire. Faute de s'appuyer sur ces avantages, Michel risque de souffrir dans un entrepreneuriat de nécessité frustrant. Divers projets pourraient être envisagés. Certains, tels le montage de gîtes, de maisons de retraite, l'exportation de produits du terroir, seront évoqués dans des chapitres spécifiques.

Concentrons-nous ici sur une opportunité plus simple encore : la terre. Michel est un enfant du pays, il connaît bien son territoire, y a des réseaux, même si son expérience professionnelle s'est déroulée dans une usine. La simple terre qui l'entoure a une grande valeur, elle s'appréciera avec le temps, une valeur immatérielle difficile parfois à percevoir. La terre agricole française est relativement peu chère, cela étant peut-être lié au fait que les cultures classiques et intensives, sans valeur ajoutée, ont des marges décroissantes pour l'instant.

En revanche, Michel a la chance de vivre dans un territoire de tradition vinicole mais peu réglementé. Contrairement au Bordelais ou à la Bourgogne, où la plantation de vigne est soumise à des quotas (droits de plantation), sa région contient des zones permettant la plantation sans grande contrainte, y compris sur les méthodes de vinification. Cependant, l'achat de terre ou de vigne n'est pas toujours facile, ce qui limite la taille du marché et décourage nombre d'investisseurs potentiels, chinois par exemple. L'intermédiation est donc nécessaire : un rôle sur mesure pour Michel. Pourquoi ne pas saisir l'opportunité de vendre des terrains agricoles nobles, en collaboration avec des experts en marketing et en montage financier ?

Et si Michel collaborait avec une Clara ? Il s'occuperait d'identifier les terres et de les faire mettre en exploitation, tandis que Clara se chargerait du marketing et de la vente d'un produit innovant à destination de riches Européens, Américains et Asiatiques : « Votre vigne en France. »

6

Capital humain et économie du savoir

Le facteur humain occupe une place de plus en plus importante dans nos économies modernes. Sauf à se spécialiser dans l'exploitation de ressources naturelles, il est donc important pour un pays de cultiver son capital humain, en commençant par l'éducation. En France, le savoir et les services sont appelés à jouer un rôle de plus en plus grand. Notre capital humain est-il adapté à cet avenir et constitue-t-il un facteur d'opportunité entrepreneuriale ?

Un système éducatif inégal, mais qui fait émerger de l'excellence

Longtemps, le système éducatif français a été considéré dans son ensemble comme exemplaire. Cette période est probablement révolue. En particulier, la performance de l'éducation primaire et secondaire est maintenant dépassée par celles d'autres pays, comme l'illustre régulièrement le classement PISA[1]. Notre pays, sans être en tête de classement, a toutefois heureusement maintenu des scores dans la moyenne de l'OCDE (par exemple 25e en mathématiques, 21e en lecture), proches de ceux de l'Allemagne, juste devant le Royaume-Uni, et bien meilleurs que ceux des États-Unis.

Ces évaluations sont fondées sur un système de moyenne, c'est-à-dire où la performance de tous les élèves, les bons, les moyens et les moins bons, est agrégée. Elles ont donc tendance à masquer une particularité du système français qui va intéresser les entrepreneurs : notre système scolaire a tendance à stratifier fortement la population, et débouche sur la formation d'élites parmi les meilleures au monde et remarquablement peu chères.

Le système des grandes écoles, avec tous les défauts qui s'y attachent (dont la croissante reproduction des élites), a au moins l'avantage d'identifier et de très bien former des cadres dans de nombreux domaines. Celui de l'ingénierie et des sciences est notamment très développé, mais cet élitisme fournit aussi une population remarquable dans les domaines des affaires, de la finance, du design, des médias, etc.

Dans la Silicon Valley, un bon ingénieur coûte actuellement environ 250 K$ par an. Nos ingénieurs étant payés entre 40 et 70 K€ bruts, ils reviennent *in fine* beaucoup moins cher, même avec de lourdes charges sociales. Malheureusement, cet effet est limité par le fait que la

1. http://www.oecd.org/pisa/keyfindings/pisa-2012-results-overview-FR.pdf

culture française conduit les talents vers les grands groupes ou les administrations plutôt que vers les PME. Un entrepreneur peut donc avoir des difficultés à recruter alors que le système produit beaucoup de bons ingénieurs à coût modéré.

On trouve des filières d'ingénierie de grande qualité dans plusieurs domaines industriels, pour lesquels la France compte des formations au meilleur niveau mondial et quasi gratuites, par exemple autour de l'eau (Grenoble INP) ou de l'aéronautique (Supaéro). Dans le domaine des technologies de l'information, cœur de la nouvelle économie depuis l'avènement d'Internet, la situation est très satisfaisante, bien qu'imparfaite. En effet, si notre système produit beaucoup d'ingénieurs informaticiens, certains manquent d'une exposition aux techniques que l'on apprend dans certaines universités américaines. Nos informaticiens, surtout lorsqu'ils sortent des formations d'élite (Polytechnique, Centrale, etc.), sont excellents dans l'abstraction mais ne sont pas toujours à l'aise avec toutes les astuces de la production logicielle au plus haut niveau.

Heureusement, cette carence est partiellement corrigée par la montée en puissance d'écoles spécialisées (telle l'école d'ingénieurs EPITA) ou l'émergence de nouveaux acteurs telle l'école 42. Fondée par Xavier Niel, 42 forme des ingénieurs informaticiens avec un recrutement ouvert (sans prépa ni bac requis) et une pédagogie moderniste fondée principalement sur les projets. Même ces nouveaux venus profitent de la capacité du système secondaire français à produire un gros volume d'élèves bien formés en sciences et technologies pour produire en nombre des ingénieurs informaticiens de terrain à coûts très compétitifs.

Ici encore, il convient de noter que la présence de l'État et du militaire interagit avec le système éducatif. De la même manière que la Silicon Valley est indissociable des budgets militaires, qui ont alimenté Stanford dès la période de Frederick Terman, la force de l'écosystème technologique français procède de l'influence sur notre système éducatif d'administrations à vocation militaro-technique. Au sommet, on y trouve Polytechnique, dont le statut est militaire, particularité qui semble incongrue mais dont les exemples de la Silicon Valley ou d'Israël doivent nous rappeler qu'il ne s'agit peut-être pas d'un hasard. L'École polytechnique alimente la haute administration technique, secondée par des établissements aux statuts similaires : Mines ParisTech (émanation du ministère de l'Industrie) ; École des Ponts ParisTech (émanation du ministère de l'Équipement) ; Télécom ParisTech, etc. Cette galaxie se décline même en province, ou dans des spécialités étroites, telles les Mines de Douai ou d'Alès, ou encore Supaéro.

Force en commercial

Cette force dans le domaine technique ne doit pas faire oublier les autres secteurs de notre éducation d'élite, en particulier nos écoles de commerce qui apparaissent régulièrement en bonne place dans les classements internationaux, au moins en formation initiale[1]. Nos anciens élèves dans ces domaines sont très compétitifs : ils sont les mieux payés des étrangers de la City à Londres, en particulier quand ils viennent de nos grandes écoles de commerce (HEC, Essec, etc.[2]).

Nos écoles de commerce ont bénéficié d'une conjonction de circonstances très particulières à la France : l'existence d'un système de grandes écoles; la tradition scolaire française, mélangeant rigueur mathématique et culture générale; enfin, le rattachement à des administrations consulaires, les chambres de commerce et d'industrie, plutôt qu'au ministère de l'Éducation nationale, leur donnant un maximum de flexibilité pour s'adapter à l'internationalisation.

Peu de systèmes dans le monde disposent d'une telle qualité de formation initiale. Par exemple, les États-Unis ne forment principalement aux affaires qu'à partir du deuxième cycle universitaire (*graduate*), et il y a peu de formations de premier cycle (*undergraduate*) d'élite dans ce domaine, contrairement à la France. En Angleterre et en Allemagne, la formation aux affaires ne pouvant être suivie que dans le système des universités, cela a donné une moindre flexibilité, menant à des cursus moins adaptés aux besoins des entreprises. Le patronat allemand a essayé d'y remédier en favorisant l'émergence d'une école de commerce, l'ESMT de Berlin, en prenant pour

1. Chauvin, « Dix-neuf écoles de commerce françaises parmi les meilleures d'Europe », Capital.fr, 2 décembre 2014.

2. Coustin, « Les diplômés d'HEC et de l'Essec mieux payés à la City de Londres que ceux d'Oxford », *Le Figaro Étudiant*, 24 novembre 2014.

modèle un mélange de l'INSEAD et de nos grandes écoles de commerce françaises. Toutefois, cet effort ponctuel ne peut rivaliser avec un siècle de développement de nos écoles de commerce sur tout le territoire.

Ainsi un entrepreneur peut-il trouver en France des cadres très bien formés aux affaires à des salaires très raisonnables. La seule carence notable dans ce système est l'absence de formation à la vente, une matière qui y est peu reconnue malgré son utilité fondamentale en entrepreneuriat.

Excellence aussi en média design

Notre système de formation est excellent dans d'autres domaines encore, tels que le design, la mode, les arts ou les médias. Bien qu'elles soient moins connues du grand public, les formations françaises dans ces domaines sont tout aussi remarquables que nos écoles d'ingénieurs et de commerce. Hollywood accueille à bras ouverts les animateurs des Gobelins, ayant identifié là une combinaison exceptionnelle d'élèves rigoureux, créatifs et à l'aise avec les nouvelles technologies. Cette combinaison de créativité, de culture et de rigueur constitue la base du succès d'écoles comme l'École nationale des arts décoratifs, l'ENSCI-Les Ateliers ou l'Institut français de la mode.

Cette compétence a des effets dans d'autres industries, au-delà des médias et de la mode. Par exemple, le secteur high-tech a redécouvert, sous le leadership d'Apple, l'importance du design dans la production industrielle, et embauche désormais des profils mixtes, ou même provenant purement de l'industrie du luxe. La cristallisation, à travers des filières de formation solides, d'un génie français qui sait allier la forme et la fonction des objets est une force pour nos entreprises innovantes.

On peut prendre pour exemple la décision d'Universal, à la fin des années 2000, de développer sa filière animation en France pour produire la série *Moi, Moche et Méchant*. Cela constitue une forme particulière d'entrepreneuriat : l'intrapreneuriat, à savoir la création d'une nouvelle activité au sein d'une entreprise existante. Ce leader mondial avait naturellement accès au marché de production de référence (Hollywood) et pouvait aussi se tourner vers des marchés de production à bas prix (Vietnam, Birmanie...). La décision de s'installer à Paris est une reconnaissance du fait que notre écosystème offre une combinaison de qualité et de technicité se comparant favorablement aux écosystèmes à bas prix, et propose des coûts relativement bas par rapport à Hollywood.

Entrepreneuriat handicapé par la séparation commerce-ingénieur

Pour ce qui est de nos formations d'élite, tout pourrait sembler pour le mieux dans le meilleur des mondes. Néanmoins, il convient d'attirer l'attention sur un défaut majeur de notre système en ce qui concerne sa capacité à produire des entrepreneurs. Le problème n'est pas tant un manque de culture entrepreneuriale, car aujourd'hui nos grandes écoles de commerce, et dans une moindre mesure nos grandes écoles d'ingénieurs, ont parfaitement intégré l'entrepreneuriat. Il est souvent présent dès les premiers cours, comme fil conducteur de l'apprentissage, et dispensé sous forme de multiples enseignements. Les étudiants ont même accès à des incubateurs et à des fonds d'amorçage, accessibles souvent au-delà de la fin de scolarité. Non, nous formons étonnamment bien à l'entrepreneuriat, le problème n'est pas là.

Le problème vient de la structure des grandes écoles qui cloisonnent les ingénieurs et les commerciaux chacun dans leur silo. Les élèves passent de nombreuses années d'études sans se croiser, hormis lors de tournois sportifs et de quelques soirées étudiantes. C'est un des inconvénients de la spécialisation des grandes écoles hors système universitaire : nos ingénieurs et nos commerciaux sont très peu habitués à travailler, collaborer ou s'amuser ensemble. Ils ne résident pas sur les mêmes campus, ont suivi des parcours scolaires différenciés dès le baccalauréat, parfois même avant. En d'autres mots, ils ne bénéficient pas de la socialisation entre spécialités telle qu'elle se pratique dans les campus de la plupart des autres systèmes d'éducation supérieure dans le monde. En particulier, les universités américaines ont un premier cycle universitaire qui force peu à la spécialisation et incite donc les élèves à approcher le monde de manière multidisciplinaire.

Pour l'entrepreneuriat, le cloisonnement à la française est un handicap majeur. En effet, l'innovation vient souvent de la recombinaison du savoir. De plus, les entrepreneurs ont souvent besoin de collaborer au quotidien, chacun apportant sa compétence dans l'arbitrage difficile menant à l'émergence d'un produit ou service. Cela est rendu difficile si l'entrepreneur est peu habitué à interagir avec les autres spécialités : le commercial ne sait pas gérer l'ingénieur, lequel ne sait pas comment valoriser le commercial.

Ce problème est tangible pour qui est au contact des élèves de grandes écoles de commerce. On apprend trop souvent à ces derniers à établir de magnifiques business plans, indiquant dans le transparent final que les millions récoltés serviront à recruter un ou des ingénieurs pour développer la magnifique idée... Remplacez ingénieur par designer, cuisinier, médecin, etc., selon le domaine. Malheureusement, l'histoire montre qu'une équipe entrepreneuriale de qualité doit être plus qu'un businessman armé de présentations PowerPoint et d'un chéquier pour s'entourer de super-employés.

Dans d'autres pays, ce problème a donné lieu à des regroupements de filières universitaires, réorganisations peu évoquées en France, car, géographiquement, culturellement et organisationnellement rendues difficiles par la distance entre les écoles de commerce, d'ingénieurs et de design. À Stanford, la D. School (Institute of Design) a été fondée pour faire travailler ensemble, dès l'école, commerciaux, ingénieurs et designers. À Harvard, l'université investit des milliards de dollars pour basculer une partie de son école d'ingénierie « de l'autre côté de la rivière », afin de la placer à côté de la Business School. À Helsinki, trois écoles, de commerce, de design et d'ingénieurs, ont fusionné au sein d'un même campus pour former l'université Alvar Aalto.

En France, ces idées sont pour l'instant traitées par des fusions administratives sur le papier, les écoles gardant leurs campus historiques, donc restant physiquement séparées. Ne nous leurrons pas : tant que nos élèves auront besoin de prendre le RER ou la voiture, même pour quelques kilomètres, afin de rendre visite à leurs camarades d'autres spécialités, nous perdrons un énorme potentiel d'innovation et d'entrepreneuriat...

Mais, globalement, ce système d'élite a bien fonctionné. Si le système éducatif français n'est plus considéré dans son ensemble comme surperformant, l'étranger nous envie encore la «production» de nos grandes écoles, bien que cet élitisme se fasse au détriment de l'université. Dans le très classique classement Global Entrepreneurship Monitor (GEM), la France est par exemple tirée vers le haut par la qualité de son système éducatif du supérieur, alors que son système primaire et secondaire est jugé comme un handicap[1].

Des formations spécialisées parfois aussi performantes que nos grandes écoles

Si l'avantage semble venir de nos formations d'élite, il ne faut pas sous-estimer la valeur d'autres aspects de

1. Table 3.2 du rapport 2014 : http://gemconsortium.org/report

notre système éducatif en général, y compris au plus bas de l'échelle.

Le certificat d'aptitude professionnelle (CAP) est le diplôme de base du système scolaire français. Ce cursus apparaît pourtant régulièrement dans des parcours intéressants d'entrepreneur, et est suivi par des personnes surdiplômées, parfois par pur plaisir. Je le recommande d'ailleurs souvent sincèrement à mes étudiants de la grande école où j'enseigne. Pourquoi et quel est le rapport avec le paradis entrepreneurial français ?

Le CAP est une formation du *faire*, une compétence malheureusement sous-estimée par certains de nos entrepreneurs. Comme évoqué dans le chapitre 3, les entrepreneurs d'opportunité débutants ont tendance à surinvestir la *planification* et sous-investir le *faire*. Dans un certain nombre de domaines, dont ceux de l'alimentaire, la France offre des formations d'accès peu compétitif, permettant d'acquérir en neuf mois les compétences nécessaires aux métiers de base : boulanger, cuisinier, ébéniste, etc. La beauté de ce système est que ces formations dispensent le savoir-faire de notre patrimoine rapidement, efficacement et quasi gratuitement !

Le CAP apparaît dans la plus récente réussite remarquable de l'entrepreneuriat français dans le domaine alimentaire : Michel et Augustin. Les fondateurs de cette entreprise ont abordé l'entrepreneuriat de manière originale et représentent une réussite typiquement française. Tous deux apportaient un fort capital humain, après une formation dans de grandes écoles et une longue carrière dans l'industrie leur donnant expérience et maturité. Quand ils débutent leur aventure, ils restent ouverts à l'opportunité, prennent le temps d'explorer les idées possibles, et donc se mettent en disponibilité pendant de longs mois. L'histoire ne dit pas précisément s'ils ont profité de la spécificité française permettant de percevoir les indemnités chômage, mais cela aurait été naturel. Durant cette période de recherche, leur chasse à l'opportunité ne se fonde pas (seulement) sur des études de marché et des présentations PowerPoint. Au contraire, ils pratiquent naturellement le Lean et l'effectuation.

En bons bricoleurs, Michel et Augustin vont cuire leurs premiers biscuits dans leur propre four et essayer de les vendre. Ils vont aussi rendre visite aux autres boulangers. Et ils vont se former. Augustin Paluel-Marmont va ainsi suivre une formation de... CAP/BEP Boulanger.

L'imbrication de toutes ces activités de *bricolage* va donner force à leur projet. Le fait d'aller visiter les boulangeries de manière systématique leur donne l'idée de publier un livre sur les meilleures boulangeries de France. Cet ouvrage ayant été reconnu, ils seront par la suite reçus avec intérêt par les boulangers... qui seront leurs premiers distributeurs.

L'aventure Michel et Augustin représente une réussite remarquable et emblématique, y compris dans sa conclusion. *In fine*, l'entreprise est rachetée par Artémis, la holding du groupe Pinault, l'un de nos champions nationaux du luxe et de la distribution.

L'exemple du CAP n'est pas limité à Michel et Augustin, ni même à la pâtisserie. Dans une logique similaire, un autre parcours d'entrepreneur mérite d'être remarqué. Hervé Delumeau avait connu une carrière classique, il faisait de la gestion de projet et du marketing dans un groupe international informatique anglo-saxon.

Un jour, sa vie lui parut manquer de sens, il s'engagea dans une reconversion et entreprit un retour vers sa passion pour le bois et la création. Il suivit alors une formation à l'École Boulle, une prestigieuse institution ayant le double statut de lycée technique et d'école supérieure, une référence dans les métiers d'arts et les arts appliqués. Il établit ensuite son enseigne, Hervé Ébéniste, dans le quartier de la Bastille à Paris, puis sous le Viaduc des Arts. Ses produits sont pleins de créativité, répondent à un besoin d'une population en recherche d'authenticité, d'originalité, utilisant des matériaux nobles. Son affaire se porte bien, et ses créations commencent à apparaître dans les magazines de design.

Voilà un entrepreneur d'opportunité et de passion qui a su intégrer doublement le patrimoine immatériel, jouant sur la marque et la tradition française, et profitant d'un accès privilégié à la formation. L'École Boulle est un bijou, une arme exceptionnelle pour tout jeune ambitieux qui s'intéresse à une large classe de produits de luxe s'appuyant sur le fonds patrimonial français.

Dans la production de meubles en bois, le coût du travail rend *a priori* difficile la production en France. Néanmoins, cela n'est pas un obstacle pour Hervé Delumeau car il est positionné dans le service et son produit est installé à façon. De plus, s'il désire croître hors des frontières, il pourra s'appuyer sur la marque du luxe français, lui donnant là une force supplémentaire pour continuer à développer son opportunité.

Tenté de partir ? Évaluez soigneusement vos atouts en distinguant capital humain et capital social

Une distinction importante est à établir entre le capital *humain* et le capital *social*, deux termes qui peuvent paraître équivalents pour les non-spécialistes. Pour l'instant, nous avons discuté du capital humain, c'est-à-dire du savoir qui réside dans l'individu, dérivant de sa formation et de son expérience. Le capital social, lui, dérive des avantages auxquels un individu peut avoir accès grâce à sa position dans sa structure sociale. Cette nuance joue un rôle important dans le débat sur l'opportunité de départ de nos jeunes.

Le système de formation français fournit évidemment du capital humain, qui est souvent transportable. Ainsi, les élèves de nos écoles d'ingénieurs ont une grande valeur à l'international, et il ne faut donc jamais s'étonner lorsqu'ils sont aspirés par une startup à San Francisco ou Berlin.

Concernant le capital social, celui-ci est plus subtil, car il va dériver de l'établissement d'un réseau de relations de l'individu avec les acteurs d'un écosystème donné. Ces relations sont cruciales car d'elles découlent la crédibilité, la confiance et l'accès à l'information.

Pour nos jeunes ambitieux, le capital social est plus délicat à évaluer et à prendre en compte que le capital humain. Pour faire simple, la plupart des individus ont un fort capital social *via* leurs lieux d'origine et seront pénalisés en cas de mobilité. Par exemple, un élève de grande école doit comprendre qu'il connaît nécessairement, en France, un grand nombre de personnes, ou plutôt qu'un grand nombre de personnes sont des amis d'amis. Lorsqu'il déménage, il peut être apprécié à Berlin ou à San Francisco pour sa technicité, mais son avantage social est nettement diminué. Penser qu'on peut facilement aller monter une affaire à Miami, à Tokyo ou au Caire peut refléter une ignorance dangereuse de la complexité sociale du lancement d'une activité.

Dans tous les écosystèmes, même ceux qui paraissent excitants et dynamiques vus de loin, l'arrivant aura beaucoup plus de mal à être crédible que dans son propre écosystème dont il comprend les codes et où la confiance est plus facile à établir.

Au-delà de l'écart qui peut exister objectivement entre pays, l'entrepreneur doit donc chercher à valoriser son capital social et humain. Parfois l'un et l'autre sont découplés : une personne peut avoir une compétence valorisable à l'étranger (par exemple une compétence en pâtisserie exceptionnelle au Japon mais banale à Paris), mais un meilleur réseau social à domicile (un pâtissier à Marseille ayant plus de chance de s'établir dans cette région car il y connaît les acteurs et y est connu).

Certains types de capital humain se valorisent mieux à l'étranger. Une compétence en ingénierie logicielle a un rendement particulier dans la Silicon Valley, ce qui justifie la forte immigration d'ingénieurs indiens et français dans cette région. Une compétence culinaire a généralement une force plus grande hors de France, ce qui justifie toutes les aventures entrepreneuriales de boulangers français dans tous les pays du monde. Une compétence en mathématiques revêt une grande valeur à Wall Street ou à la City de Londres, qui attirent les diplômés français et turcs.

In fine, chaque cas est spécifique. Voyons donc comment cela s'applique à nos entrepreneurs fictifs. Clara, la jeune diplômée d'école de commerce, a un vrai capital humain. Elle a probablement aussi du capital social, mais centré sur la France. Son capital humain n'est pas très technique, donc plus difficilement valorisable à l'étranger et, en s'expatriant, elle se couperait de son capital social. Ainsi, autant était-il logique d'effectuer un stage ou même de prendre un premier poste à l'étranger, autant tenter de monter son entreprise à Séoul ou même à Londres serait dangereux.

Le capital humain de José, le pâtissier, est très fort et incroyablement portable, la nourriture étant l'une des activités les plus universelles. Son capital social en France est relativement limité, car il a vécu en province dans un milieu socioculturel modeste. Pour José, l'expatriation ne semble pas être un handicap, au contraire, nous en reparlerons.

Valérie, l'ingénieure, a un capital humain élevé. Son capital social est tout aussi important, mais entièrement centré sur son milieu professionnel parisien. Son activité envisagée, la SSII, requiert de mettre en œuvre un relationnel important ; le capital social est donc fondamental. L'expatriation serait plus qu'hasardeuse...

Le capital humain de Michel, l'ancien agent de maîtrise dans la mécanique, est limité car sa technicité est difficilement mobilisable. Son choix de changement d'activité vers le bar-tabac reflète cette faiblesse. Concernant son capital social, si son réseau professionnel peut être lui aussi peu valorisable, son âge et son implantation longue dans sa région peuvent lui avoir permis de développer un réseau social non négligeable. Le départ à l'étranger serait donc difficile à justifier, et il serait dommage qu'il ne tire pas parti de son implantation locale, pour peu que des opportunités existent dans la région.

Comme on peut le voir, les motifs de départ à l'étranger sont plus subtils que la traditionnelle « fuite des cerveaux ». Parmi nos quatre exemples, le cerveau serait Valérie, pour qui le départ est pourtant à proscrire absolument. En revanche, le pâtissier n'aurait peut-être pas été classé comme « cerveau » ; pourtant c'est lui qui aurait le plus de bonnes raisons de partir.

La prétendue fuite des cerveaux français est un argument traditionnellement employé pour tenter de renforcer l'idée de la faiblesse de l'écosystème français. En réalité, c'est exactement l'inverse : les chiffres publiés par l'OCDE sont sans appel, la France est tout simplement l'un des pays avec le moins d'émigration[1]. Très peu de pays de l'OCDE perdent aussi peu de leurs concitoyens que la France ! Cela est vrai indépendamment du niveau de formation considéré.

La notable exception à cette règle est les États-Unis, dont le taux de départs est exceptionnellement bas. En tout cas, à cette aune, la France apparaît comme un petit paradis que nos concitoyens quittent moins que d'autres pays.

Mettre en œuvre le capital humain et social

Le capital social joue un rôle crucial dans le choix de l'expatriation. Le capital humain, celui de l'entrepreneur ou celui des collaborateurs qu'il pourrait embaucher, sera stratégique pour identifier *son* opportunité entrepreneuriale. Par exemple, si l'on considère le cas de notre entrepreneure type, Valérie, toute sa trajectoire va s'articuler autour de ces actifs humains.

Valérie initie sa recherche comme de l'entrepreneuriat de subsistance : ingénieure dans une SSII, elle imagine se mettre à son compte pour faire du conseil en individuel. Grâce au capital humain disponible dans son environnement, elle peut aisément basculer vers l'entrepreneuriat d'opportunité. Bien entendu, son développement dépend

1. Dumont et Lemaître, « Counting Immigrants and Expatriates : A New Perspective », *Social, Employment and Migration Working Papers*, Paris, OCDE, 22 juin 2005.

de ses choix, des produits et services qu'elle développe, des clients qu'elle prospecte et d'un peu de chance.

Mais surtout Valérie profite de la forte disponibilité d'ingénieurs expérimentés dans l'écosystème français, communauté au sein de laquelle elle dispose d'un réseau social. Elle peut même adopter une stratégie mixte : commencer modestement avec une activité unipersonnelle de conseil, pour se mettre à l'affût de l'opportunité.

Au fil des contrats où elle va effectuer des prestations techniques, ses clients pourront lui indiquer un projet plus ambitieux, le besoin d'un logiciel, d'un objet, d'un système. Ils pourraient même accepter de financer un tel développement. Valérie pourrait alors développer une véritable opportunité : embaucher d'autres ingénieurs pour l'aider, facturer ce développement à un premier client, et ensuite vendre ce produit ailleurs.

Remarquez à quel point ce parcours diffère de l'idée reçue, celle où l'entrepreneur conçoit une idée, crée un plan, lève des fonds, et enfin embauche. En réalité, la modestie apparente de l'intention de Valérie, le fait de démarrer par une activité de conseil, est paradoxalement une grande force.

L'exemple le plus remarquable dans l'histoire de l'industrie est Bill Gates qui, avec une bande d'amis, commence par réaliser des développements à façon, et répond à une demande d'IBM de fabriquer un logiciel pour gérer la toute nouvelle plate-forme PC. La lettre de l'accord précise bien qu'IBM paie et que Bill Gates possède les droits de commercialisation du logiciel, MS DOS. La fortune de Microsoft a démarré sur un levier où un client a payé pour une prestation intellectuelle. L'entrepreneur a suffisamment accumulé – en lui et *via* ses relations – de savoir-faire pour sortir son l'entreprise de l'eau sans aucun financement (bel exemple de *bootstrapping*).

Dans l'écosystème français, on retrouve une telle réussite avec Marc Simoncini, l'un des rares entrepreneurs à répétition du marché français. Ses débuts sont modestes, il appartient à la génération de ceux qui géraient des PME dans l'informatique au début des années 1990, quand l'entrepreneuriat technologique n'était pas à la mode. Son activité était justement une SSII en rapport avec le Minitel. Lorsque la vague Internet est arrivée, Simoncini avait tout en main pour choisir l'idée mais surtout l'*exécuter*. Il n'avait pas besoin de plans, car il disposait d'une équipe de programmeurs, il savait faire, pour très peu d'argent, là où d'autres auraient eu besoin de faire des plans, des spécifications et des levées de fonds.

Il choisit de monter un portail, iFrance, inspiré du concept de Yahoo, et réussit à le revendre rapidement et pour un très bon prix à Vivendi. Ce succès ne doit pas être sous-estimé ni attribué à la chance. Dans le cas de Simoncini, toute la valeur ajoutée réside dans la phase antérieure, celle où discrètement l'entrepreneur accumule le savoir-faire et se met en position de capturer l'opportunité quand elle va apparaître.

Dans une économie qui est de plus en plus « du savoir », l'entrepreneur doit être obsédé par ce facteur de création de valeur. Son propre savoir compte, le savoir qui réside dans l'écosystème autour de lui compte encore plus, et sa capacité à mobiliser les individus et leur savoir est fondamentale.

Dans ce domaine, la France fournit souvent des conditions idéales à ses entrepreneurs d'opportunité, formés dans les meilleures écoles, souvent bien interconnectés dans leur milieu local, et ayant à leur portée l'une des populations les mieux formées de la planète et relativement peu onéreuse.

III

Une profusion de secteurs d'excellence

Joseph Schumpeter restera célèbre pour son invention du concept de *destruction créatrice*, où l'entrepreneuriat s'envisage comme le remplacement d'activités antérieures devenues moins efficaces que celles qui les remplacent. Il utilise aussi le mot « ouragan » pour qualifier la dynamique entrepreneuriale, marquant là son éloignement des modèles classiques d'équilibre, et pour identifier la nature non linéaire de l'économie.

Cependant, Schumpeter a aussi contribué de manière fondamentale aux théories sur l'entrepreneuriat en identifiant le fait que celui-ci se concentre géographiquement en grappes, qui sont désignées de nos jours par le mot anglais de *clusters*. Dans cette perspective, le progrès technique, les innovations et l'entrepreneuriat ne peuvent être envisagés comme une suite d'événements isolés.

Au contraire, le progrès est comme une boule de neige, il s'autoalimente. Il se développe par agrégats, en particulier temporels et géographiques. En d'autres termes, on observe des explosions d'innovations et d'entrepreneuriat à un moment, à un endroit donné, mais rien à côté. Ces explosions vont devoir alors s'expliquer par des dynamiques endogènes (c'est-à-dire le progrès mène au progrès) et non plus seulement des facteurs exogènes (c'est-à-dire extérieurs au phénomène d'innovation en lui-même), tels le génie de l'individu ou la disponibilité de ressources.

Cette analyse a été confirmée par des études sur la Silicon Valley, l'Italie du Nord ou le Bade-Wurtemberg. Le succès des entrepreneurs dans ces régions n'est pas explicable uniquement par une somme de facteurs objectifs. Un effet d'entraînement fort s'observe dans ces clusters.

Pour l'entrepreneur, le message est clair : vous pouvez être aussi motivé, aussi compétent que vous le voulez, vous pouvez avoir accès aux ressources matérielles et financières dont on peut rêver, mais si vous n'êtes pas au moment et à l'endroit où les innovations se font, vos chances de réussite sont très diminuées, toutes choses étant égales par ailleurs.

Ce point est fondamental lorsqu'un entrepreneur se demande s'il est bien ici, en France, ou s'il devrait s'expatrier. Prenons un exemple simple pour commencer. Si un entrepreneur considère qu'une politique fiscale incitative et un marché « libre » sont fondamentaux, il pourrait être tenté de choisir de s'établir à Monaco ou aux îles Caïmans. Nous parlons bien d'un entrepreneur, c'est-à-dire de quelqu'un qui va essayer de créer de la valeur en recombinant des ressources de son environnement. Ces deux pays ont probablement un secteur immobilier (de tourisme ou de placement) intéressant et un secteur financier actif. Si l'objectif est de se développer dans ces domaines, pourquoi pas ?

En revanche, si l'entrepreneur veut faire de la high-tech, de la pharmacie, de l'agriculture, de l'automobile, etc., nous sentons bien qu'il va payer très cher le fait de ne pas profiter de l'esprit de la Silicon Valley, des créatifs de la région parisienne ou des ouvriers qualifiés de Bavière pour gérer des robots de fabrication, etc.

La disponibilité de clusters d'excellence est donc un paramètre essentiel pour évaluer la gamme d'opportunités dans un écosystème. Examinons quels en sont les mécanismes.

7

L'opportunité s'accumule en clusters (et pas seulement dans la high-tech)

L'existence même des clusters rend le monde très injuste, car tout s'y accumule. C'est là que l'excellence va appeler l'excellence, que ce soit en termes de produits, de travailleurs ou bien entendu de résultats financiers. Les individus se forment ensemble, se connaissent, se font confiance et partagent des pratiques communes. Les entreprises profitent d'un volant d'employés expérimentés, partagent les infrastructures, bénéficient d'effets de marque et d'une accumulation des savoir-faire. Dans certains cas, l'apparente concurrence accrue est souhaitable car elle donne lieu aussi à des effets de chalandise, quand la densité de vendeurs attire disproportionnellement les clients.

La plupart des activités économiques ont des clusters bien identifiés. Dans la majorité des cas, la géographie se stratifie en « tiers » : un ou des clusters dominants, un certain nombre de clusters secondaires, et un relatif désert autour.

Dans le domaine de la finance, le monde moderne compte trois clusters dominants : New York, Londres et

Tokyo, et plusieurs clusters secondaires comme Paris. Dans la high-tech, il existe un super-cluster : la Silicon Valley. Dans la micromécanique, il existait de nombreux clusters en Europe, notamment en Suisse, en Allemagne ou en Franche-Comté en France. Aujourd'hui, certains d'entre eux restent actifs, mais la Chine est montée en puissance, et bientôt le Vietnam produira son cluster. Cette logique de clusters en tiers se retrouve dans tous les secteurs.

Choisir son cluster

La qualité d'un écosystème entrepreneurial dépend de la disponibilité de clusters dans lesquels développer son activité. Plus ce choix est grand, plus le volume d'opportunités est grand.

La localisation dans l'un de ces clusters est l'une des manières de développer une activité de pointe et de s'imposer à l'international. L'idéal est d'avoir été élevé dans cette communauté, car on bénéficie alors de tous ses avantages. Néanmoins, de tous temps des entrepreneurs ont rejoint des clusters même si ceux-ci n'étaient pas dans leur région d'origine, et ont réussi à rapidement se fondre dans le paysage.

Pour illustration, la France des années 2000 voit l'émergence d'une nouvelle génération de restaurateurs autour du phénomène du Fooding. Durant ce renouveau d'un cluster français internationalement reconnu, de nombreux jeunes chefs viennent faire leurs armes à Paris.

Par exemple, James Henry, un Australien épris de surf et influencé par Inaki Aizpitarte, le chef du Chateaubriand à Paris (75011), fonde Bones dans le même arrondissement que son maître (75011). Un autre exemple est celui de l'Italien Giovanni Passerini, qui fait ses armes chez Petter Nilsson à La Gazzetta (75012), et fonde Rino (75011).

Au milieu de tous ces étrangers, Aizpitarte est basque français mais pas cuisinier de formation. Cela ne l'empêche pas d'avoir mené le Chateaubriand en tête des classements des meilleurs restaurants du monde[1]. Et contribué en une décennie à faire du 11e arrondissement de Paris l'épicentre de cette renaissance culinaire.

Ils vont se former mutuellement, s'entraider, se stimuler dans la concurrence, essaimer dans Paris et par la suite sur toute la planète culinaire. Cette activité attire l'attention des consommateurs et des médias, dans un profitable effet de chalandise. Finalement, c'est une communauté qui devient la source de compétitivité, et non le seul génie d'un individu ou d'une ressource.

Dans l'autre sens, de nombreux Français partent vers la Silicon Valley, le cluster dominant de la high-tech. Certains y démarrent directement leur entreprise. Par exemple, Renaud Laplanche, fondateur de Lending Club, développe son entreprise dans la Silicon Valley après plusieurs expériences aux États-Unis, dont la

1. Majoube, « Le classement des 50 meilleurs restaurants au monde en 2014 dévoilé », *L'Express*, 28 avril 2014.

participation au lancement d'une startup (TripleHop, un moteur de recherche) et une expérience d'employé dans une grande entreprise de logiciel (Oracle).

D'autres créent leur PME en France et font la bascule plus tard, quand ils désirent profiter des effets marketing et financiers qu'une telle expatriation peut apporter. Les exemples de Criteo et de Business Objects sont bien connus, un parcours qui les mène jusqu'à l'introduction sur la Bourse de référence de la high-tech, le Nasdaq. Précisons tout de suite que tous les entrepreneurs de tous les clusters secondaires du monde, y compris et à commencer par Israël, se doivent d'envisager cette bascule. On pourrait même dire que la capacité à basculer vers le marché américain est une des compétences des entrepreneurs israéliens, à tel point que cela est mis en avant dans certaines études de cas de la Harvard Business School[1]. Il est fort dommage que, lorsque les entrepreneurs français réussissent cette bascule, certains y voient le signe d'une faiblesse de notre écosystème. Cela est non seulement inévitable mais surtout recommandé.

Se frotter aux meilleurs ou commencer protégé ?

Ces nuances appellent une question : a-t-on besoin d'être au sein d'un cluster, ou même *du* cluster dominant ? Ou peut-on – doit-on, même – envisager de réussir d'abord

1. Par exemple, Burton et Lawrence, « Jerry Sanders », *Harvard Business Review*, 20 janvier 1998.

dans un marché plus petit et protégé, pour rejoindre ensuite la ligue des champions ?

Les deux approches fonctionnent bien, avec chacune des avantages spécifiques. Rejoindre tôt un cluster est particulièrement intéressant pour l'individu, car il va s'acclimater à l'environnement d'excellence et apprendre avec les meilleurs. Ainsi, il est logique pour des jeunes chefs du monde entier de venir à Paris faire leurs armes, ou pour nos meilleurs ingénieurs de vouloir commencer leur carrière dans la Silicon Valley.

Pour le démarrage d'une entreprise, il peut y avoir intérêt à profiter d'un environnement protégé mais de qualité. Ainsi, nombre de personnes sont formées en France mais préfèrent créer leur restaurant ailleurs car leurs compétences dans un certain style de cuisine y seront plus valorisées que s'ils restent à Paris dans un environnement ultra-compétitif. Par exemple, un cuisinier pourra considérer qu'il est plus facile d'avoir du succès avec une crêperie ou un restaurant dans la mouvance « bistronomie » à Tokyo ou à Buenos Aires par exemple, plutôt qu'en France. En effet, dans ces marchés, la concurrence est bien moins forte pour ces spécialités, qui peuvent même être considérées comme innovantes, alors qu'à Paris l'innovation requerrait un vrai travail de création.

Pour la high-tech, on observera un mouvement similaire : il peut y avoir intérêt à se développer hors du méga-cluster de la Silicon Valley, du moment que l'on profite d'un environnement favorable à Tel Aviv ou à Paris pour démarrer sa startup. S'il s'avère que l'entreprise est réellement partie pour connaître une croissance à l'international, il sera toujours temps de faire la bascule vers le cluster dominant.

Une grande richesse de clusters en France

La disponibilité de nombreux clusters est un facteur important pour la chasse à l'opportunité. À cet égard, la France offre l'un des portefeuilles de domaines d'excellence et de clusters les plus larges au monde. Cette variété est même l'un de nos atouts principaux, même s'il est rarement exprimé.

La perception du public est inégale. Certains secteurs, comme la high-tech, le luxe, l'alimentaire, sont bien identifiés. À l'inverse, d'autres vont être ignorés alors qu'ils sont massifs et que la France constitue un cluster majeur. Nous avons déjà évoqué le militaire par exemple, on se doit de mentionner un secteur pourtant aussi puissant et quasiment ignoré du grand public : celui de l'énergie.

La France fait en effet partie d'un petit cercle de pays qui sont des acteurs majeurs dans les trois sources d'énergie principales actuellement : le nucléaire où nous sommes un leader mondial avec Areva entre autres ; le pétrole avec Total qui prospecte dans le monde entier ; et l'électrique avec des leaders comme EDF et Engie (ex-GDF Suez). Peu étonnant alors que ce secteur soit classé, par les dirigeants, comme le plus attractif pour l'avenir de notre économie[1]. Ce domaine est pourtant rarement mentionné dans le débat sur l'entrepreneuriat en France.

Les énergies vont toutefois constituer un axe majeur de l'entrepreneuriat, notamment grâce au potentiel des énergies vertes. On a déjà vu que Michel, notre entrepreneur fictif, pourrait explorer le déploiement du solaire dans sa région. On aurait aussi bien pu suggérer d'autres filières, telles que la biomasse, à l'intersection du cluster de l'énergie et de celui de l'agriculture. Les aides de l'État, la force d'EDF, la politique agricole commune sont autant de sources d'opportunités intéressantes dans le domaine de l'énergie.

En revanche, on pourra débattre de savoir si les énergies alternatives sont encore plus faciles à développer dans certains pays, telle l'Allemagne, qui, n'ayant ni nucléaire ni compagnie pétrolière majeure, ont des motivations plus franches à développer des sources alternatives. On ne peut pas gagner partout...

Garder l'esprit ouvert

Cette variété est à garder en tête pour l'entrepreneur potentiel, même si cela est rarement simple d'un point de vue pratique. Il faut être prêt à appliquer son savoir ou sa passion à un autre domaine potentiellement porteur.

1. Baromètre de l'attractivité du site France, http://www.ey.com/FR/fr/Issues/Business-environment/barometre-attractivite-france, Paris, EY, 2015.

Revenons aux cas de nos entrepreneurs types. Clara et Valérie ont d'emblée une visée vers un secteur d'excellence, le luxe et la high-tech. Leur choix n'appelle pas de commentaire *a priori*. Néanmoins, même si leur préférence initiale semble juste, elles auraient tort d'ignorer la palette de possibilités de l'écosystème. En effet, elles pourraient se lancer dans d'autres domaines si elles collaboraient avec un cofondateur avec lequel elles seraient complémentaires. Elles pourraient réinterpréter leur passion de multiples manières : par exemple, Clara peut se rendre compte que le luxe ne se cantonne pas seulement aux cosmétiques, que certains produits du terroir sont intéressants car nobles. Alternativement, elles peuvent avoir d'autres passions, d'autres amitiés qui vont orienter l'entrepreneuriat : par exemple, Valérie peut aimer la cuisine, être tentée de se charger de la plateforme Internet et de la formation dans une entreprise de tourisme. Ainsi, on suggérera ci-dessous que Clara envisage de collaborer avec Michel pour commercialiser un produit du terroir, ou que Valérie s'allie avec José pour lier cuisine et tourisme.

Le problème de José est qu'il ignore la notion de secteur d'excellence. Son activité s'inscrit naturellement dans le cluster de l'agroalimentaire français, mais sa stratégie personnelle ne semble pas orientée pour tirer au mieux parti de l'excellence de cet écosystème. Il pourrait donc se transformer en entrepreneur de subsistance s'il se contentait de gérer une simple pâtisserie sans autre ambition. Ce serait dommage, car un pâtissier français est aujourd'hui l'un des profils les plus à même de créer une entreprise de croissance, ici ou ailleurs.

Le cas le plus intéressant est celui de Michel, qui envisage de reprendre un bar-tabac. Il vient de perdre son emploi dans l'industrie, un secteur manufacturier qui est de moins en moins d'excellence en France. Ce chapitre est écrit pour lui et pour les innombrables entrepreneurs potentiels qui risquent de tomber dans la nécessité (c'est-à-dire gérer une TPE de subsistance) au lieu de chasser l'opportunité. Pour chacun des secteurs évoqués ci-dessous, Michel devrait se demander s'il n'y est pas relié d'une quelconque manière, s'il n'existe pas un facteur dans son environnement qui lui permettrait de se lancer et de bénéficier automatiquement de la participation à une mouvance porteuse.

8

Luxe, mode, design : l'élégant mastodonte

À tout seigneur tout honneur, commençons par les domaines du luxe, de la mode, du design (et les domaines associés, par exemple les cosmétiques). C'est l'un des secteurs qui sont à l'étranger le plus naturellement associés à la France, et où les bénéfices des effets de marque et de patrimoine sont les plus évidents. Même si beaucoup de métiers dans ce secteur ont subi une décroissance importante sur notre territoire, notamment avec l'effondrement de notre industrie textile, il reste des compétences au sein de notre tissu industriel que l'on pourrait utiliser pour créer une opportunité entrepreneuriale.

Par exemple, Hermès continue d'utiliser de nombreux processus de production de produits en cuir et textile localisés en France, rachetant des entreprises au fort capital patrimonial et humain. Ces processus coûtent évidemment plus cher que dans le Sud-Est asiatique, mais sont rentables si on les insère dans une chaîne de valeur fondée sur la qualité.

Un secteur encore créateur de géants et de startups

Notre pays a produit de nombreux champions dans ce secteur qui s'agrège progressivement dans des multinationales spécialisées telles que L'Oréal ou les groupes LVMH et Pinault. De plus, le secteur du luxe continue à fournir des avantages de marque et de patrimoine qui maintiennent la croissance de ces champions, qu'elle soit organique ou par acquisition.

Prenons pour exemple Caudalie, l'une de ces PME innovantes, spécialisée dans les cosmétiques à base de produits dérivés de la vigne. Elle illustre comment prendre appui sur le patrimoine dans son sens le plus large. Cette entreprise est fondée sur l'enracinement des fondateurs, Mathilde et Bertrand Thomas, dans leur terroir bordelais. L'intuition de démarrage est que les résidus de la production viticole, les pépins et la peau du raisin, pourraient constituer la base de produits de beauté.

Par un mélange de créativité et de collaboration avec l'équipe de recherche du professeur Vercauteren de l'université de Bordeaux, ces entrepreneurs ont élaboré une gamme de produits dans une catégorie non naturelle pour cette région vinicole, celle des cosmétiques et des soins en spa.

L'évidence aurait été d'associer les cosmétiques à la Provence où se situe la région productrice des produits de base. Ainsi, on peut trouver naturel de créer une entreprise de cosmétique en Provence, ce qui a été réussi avec brio par L'Occitane.

Toutefois, la stratégie de Caudalie est intéressante, car elle suggère qu'il ne faut pas se limiter à l'existant dans ces catégories de produits. Certains pourraient considérer que le marché du luxe, comme d'autres, est en perte de vitesse pour la vieille Europe, et pour la France en particulier. Ils pourraient également croire que le potentiel n'est que là où le marché se situe, donc qu'une jeune des années 2000 avec de l'ambition devrait débuter ses aventures entrepreneuriales ailleurs, directement en Chine ou au Brésil. Erreur !

Ce sont dans les « diagonales », dans les recombinaisons – comme lorsque Caudalie fait du cosmétique en partant de la vigne – que naissent l'innovation, la créativité et donc l'entrepreneuriat. On voit illustré ici le débat évoqué au début de cet ouvrage : l'entrepreneur découvre-t-il ou exploite-t-il une opportunité ? Caudalie figure bien la *création* de l'opportunité. L'Occitane peut être considérée comme l'*exploitation* d'une opportunité presque évidente, cette qualification n'enlevant rien à l'entrepreneur car son génie réside, en particulier dans ce cas, dans l'exécution de l'idée. L'approche de la création d'opportunité par la recombinaison a l'avantage d'offrir un champ moins exploité et plus large.

Si l'on suit ce modèle, l'imagination et l'audace sont les seules limites à l'entrepreneuriat dans le domaine du luxe en France. Tout entrepreneur sur le territoire français devrait regarder les produits locaux et se demander si ceux-ci n'auraient pas un usage à valeur ajoutée qui pourrait constituer la base d'une aventure entrepreneuriale.

On peut le faire ailleurs, mais ce serait dommage...

Dans le large secteur de la mode, du luxe, du design, l'avantage d'être en France est fort. Cela ne veut pas dire qu'il soit impossible de se lancer ailleurs. Ainsi, l'espagnol Zara s'impose dans la mode non par un avantage de patrimoine mais par l'innovation, le fait de mettre son système logistique en flux tendus et de ne plus travailler par collections saisonnières.

Si l'on considère les pays européens, ils ont tous en général une tradition, un outil industriel et des réussites entrepreneuriales importantes dans ces domaines. L'Italie, par exemple, possède un secteur de mode et du luxe remarquable, avec un tissu industriel hors pair dans le textile. L'Europe du Nord possède, elle, une tradition de design qui peut donner lieu à l'émergence de succès importants tels H&M, Lego ou Ikea.

Si l'on regarde au-delà, les États-Unis sont comme toujours un marché dominant, par le volume et la force d'imposition culturelle. En Asie, le fait d'être devenu non seulement le bloc économique majeur mais surtout le producteur de produits de masse donne un potentiel intéressant pour l'émergence de marques globales. Néanmoins, même dans ces marchés aux potentiels entrepreneuriaux exceptionnels, la force de la marque et des traditions françaises est toujours respectée, ce qui représente un avantage naturel remarquable pour nos entrepreneurs.

9

Agroalimentaire : ancré et ultra-portable

Un autre secteur immense de l'économie où la France constitue un cluster majeur est celui de l'agroalimentaire, où l'on entendra ici l'agriculture, l'alimentaire et la restauration.

Agriculture : star du passé, du présent et peut-être du futur ?

Dans le domaine agricole, la France reste un producteur mondial majeur, et le plus gros en Europe. Au-delà de sa force quantitative, la filière française possède de grandes forces qualitatives, avec un terroir extraordinaire, un fort capital humain, des spécificités dans des secteurs porteurs tel le vin, et un système d'aides généreux, y compris *via* l'allocation de la politique agricole commune (PAC) la plus élevée de tous les pays européens.

Au-delà de son potentiel important, ce secteur illustre un phénomène intéressant dans l'appréciation de notre écosystème. En effet, il profite au maximum de la forte tradition de réglementation française. Certes, ces régulations sont souvent critiquées car elles paraissent parfois désuètes (voir l'interdiction d'usage du purin d'ortie, recette de grand-mère dont la réglementation française a essayé d'interdire la commercialisation[1]). Mais il serait dommage de généraliser cette frustration.

Ainsi, suite au scandale du lait à la mélamine qui a rendu malades des dizaines de milliers de Chinois en 2008, le gouvernement chinois a consulté la France afin de s'inspirer de notre cadre réglementaire concernant la chaîne de production laitière. Cette crise a été suivie par l'investissement massif d'industriels chinois pour développer une production de lait en provenance de la France, par exemple à Carhaix dans le Finistère.

Pour cette filière lait, le «poids» de la réglementation française constitue en définitive un atout. On retrouve de telles dynamiques ailleurs dans l'agroalimentaire, avec par exemple une bonne tenue des marges dans le vin, produit très contraint par la réglementation française. Effectivement, la réglementation fait strictement respecter les frontières entre les produits de différentes régions, ce qui permet au consommateur de différencier alors les produits. L'existence d'un tissu d'appellations, les AOC, IGP, etc., gérées par les professions et les régions avec le soutien de l'État, apporte de la valeur ajoutée aux filières de l'agroalimentaire français. Par exemple, le vin français est certes contraint par un tel

1. «Le purin d'ortie peut être commercialisé, mais selon une recette spécifique», Le Monde.fr, 5 mai 2011.

faisceau de règles, mais ces règles assurent aussi le maintien de la qualité et des marques. Par comparaison, les marges de la filière porc s'effondrent car c'est un produit à réglementation minimale et sans grande différenciation.

L'agriculture française est une exception intéressante pour une autre raison. En effet, les économies occidentales modernes, pour le meilleur et pour le pire, se sont progressivement détachées de la dépendance en ressources naturelles, telles que le pétrole et les minerais. Pour ce type d'opportunités, l'entrepreneur doit désormais lorgner du côté du Brésil, de la Russie ou des pays africains.

Une des exceptions à cette tendance est le secteur agricole, car la France dispose d'une grande surface cultivable dont le coût moyen reste relativement bas. Comme évoqué dans le chapitre consacré au patrimoine, les terres agricoles françaises vont pouvoir être valorisées au-delà de la phase d'agriculture intensive : produits à valeur ajoutée et patrimoniale (vin), culture bio, agriculture de proximité, développement durable et bioénergie, etc. Ce sont autant de manières de profiter de cette ressource naturelle en anticipant les tendances du marché, autant d'avantages comparatifs du territoire national.

Alimentaire et culinaire

La France a la tradition culinaire la plus reconnue dans le monde, et il s'avère que notre pays est resté un producteur majeur de produits agricoles. Ces deux facteurs font que notre territoire reste un lieu privilégié pour démarrer différentes activités autour de la nourriture. On observe depuis quelques années un mouvement bien identifié dans ce domaine : dans la population en général, les émissions de télévision sur la nourriture et la cuisine fleurissent. Les chefs (re)deviennent des superstars, et toute une génération d'entrepreneurs se prend à rêver de créer une chaîne de restaurants bio, une chocolaterie, une pâtisserie spécialisée dans les choux, une fabrique de produits basés sur des protéines d'insectes, etc.

La dynamique entrepreneuriale et d'innovation dans la gastronomie, au fil de l'histoire, révèle les affres et délices de vivre dans un cluster doté d'une grande tradition. Historiquement, la gastronomie française trouve sa grandeur dans la cuisine de cour des rois de France, cuisine qui va envahir le monde.

La culture culinaire anglaise va par exemple se construire sur ce modèle français. Ainsi, aujourd'hui encore, le vocabulaire anglophone de la cuisine reflète son origine française, en superposition du vocabulaire anglo-saxon. Le bœuf en tant qu'animal s'appelle *ox* à la campagne, mais change de nom pour devenir *beef* quand il arrive dans l'assiette, réminiscence de cette influence de la cour des rois de France sur la culture culinaire anglo-saxonne.

Cette très vieille tradition a perduré jusqu'au milieu du XXe siècle, quand la France donnait naissance à ce qui était considéré comme les meilleurs restaurants au monde. Cela donna lieu à une première génération d'entrepreneurs d'opportunité comme Paul Bocuse et Gaston Lenôtre, qui partirent ensuite chercher la croissance et la gloire à Tokyo, Londres et New York.

Malheureusement, comme toute tradition, elle peut parfois devenir pesante, peu adaptée à la modernité. À la fin du XXe siècle, l'offre française en restauration était devenue moins innovatrice. Même si la France avait fait un pas vers la modernité avec la « nouvelle cuisine », le monde entre-temps avait découvert d'autres styles culinaires, et surtout les recombinaisons que l'on peut créer en mélangeant plusieurs sources d'inspiration. L'offre en restauration à New York ou Londres était devenue très clairement plus intéressante que celle de Paris. Certes, il nous restait nos classiques grands restaurants avec leurs étoiles Michelin, et un tissu de restaurants de base offrant une carte bien diversifiée, mais trop attendue. Par contraste, à Londres, la cuisine « fusion » émergeait et l'on découvrait avec délice l'utilisation de la sauce soja, de céréales inédites, de poissons crus, de fruits exotiques, etc.

Fort heureusement, le rebond a eu lieu au début des années 2000. Ce qui commence à être connu sous le terme de « bistronomie » est la base d'un renouveau de la gastronomie parisienne, avec de nouveau un afflux d'entrepreneurs français et étrangers dans ce domaine.

Son fondement est intéressant car ce renouveau s'appuie à la fois sur la tradition et sur le terroir. Il profite d'un mélange de facteurs culturels et institutionnels, mais aussi d'une base de production de produits artisanaux exceptionnels. Il va permettre le retour du produit fraîchement sorti de terre prôné par Alain Passard

(L'Arpège) ou Michel Bras, ou le culte des produits de terroir servis simplement par la nouvelle génération de la bistronomie parisienne. La disponibilité d'une palette de produits de terroir très large et de grande qualité est ainsi consubstantielle à l'émergence de ces mouvements culinaires.

Ce renouveau reflète aussi des facteurs culturels. La manière d'accommoder des ingrédients en apparence simples est ancrée dans la culture locale, dans le fait que les Français savent cuisiner, choisir un bon jambon, de belles tomates, accommoder un filet de poisson avec un beurre-citron, etc. On va retrouver cette tendance à la base d'un succès entrepreneurial remarquable, L'atelier des Chefs, une PME gérant des lieux où se donnent des cours de cuisine, à destination du grand public et des entreprises.

L'agroalimentaire pour nos entrepreneurs

Examinons comment ce secteur peut offrir de nombreuses opportunités en reprenant l'exemple des cas synthétisés page 28 : Clara la jeune commerciale, José le jeune pâtissier, Valérie l'ingénieure et Michel l'agent de maîtrise. Concernant Clara et Valérie, leurs voies semblent tracées grâce à leur compétence dans un cluster fort : le luxe pour Clara et la high-tech pour Valérie. Néanmoins, ce domaine de l'alimentaire est suffisamment ancré dans la culture locale pour que des individus qui ne s'y destinaient pas puissent néanmoins s'y réorienter relativement facilement.

Pour Clara, pourquoi ne pas imaginer qu'elle puisse croiser un cofondateur qui soit ancré dans un terroir et que, au lieu de faire du luxe dans les cosmétiques, elle décide de s'associer et de prendre en charge la commercialisation d'un tel produit à l'étranger tandis que son cofondateur se charge de l'approvisionnement dans le terroir ?

Pour Valérie, pourquoi ne pas imaginer qu'elle ait une passion pour la cuisine et décide finalement de monter un restaurant innovant ? La restauration actuelle s'accommode de tels débutants, en particulier les entrepreneurs d'opportunité dont la valeur ajoutée va être non dans la maîtrise des techniques classiques mais dans l'innovation des produits, du marketing, du positionnement, etc. Une bonne dose d'amour du produit et du processus de cuisine aide probablement tout de même.

Dans le passé, un parcours de chef impliquait un long apprentissage et un parcours initiatique en cuisine. Aujourd'hui, ce parcours n'est plus un prérequis. Nicolas Lefèvre illustre parfaitement cette tendance lorsqu'il monte Les Nautes, un bar-restaurant et lieu d'animation magnifiquement positionné sur les bords de Seine, quai des Célestins à Paris. Jusque-là, son parcours n'est pas ancré dans la restauration, mais cela ne l'empêche pas de passer aux fourneaux quand le besoin se fait sentir. Au contraire, cela lui permet de réinterpréter la fonction, d'utiliser leur lieu de manière originale, invitant des chefs itinérants, etc.

Ainsi, notre entrepreneur fictif Michel, l'agent de maîtrise en province, devrait aussi considérer les opportunités dans le domaine agroalimentaire. Habitant dans le Sud-Ouest, un territoire à très forte tradition culinaire, il pourrait développer une activité autour d'un produit local. Compte tenu de sa situation personnelle, développer une réelle opportunité dans ce domaine impliquerait probablement une collaboration et de la chance. Par exemple, si Michel s'intéresse à ces produits alimentaires, et qu'il est l'oncle de Clara, la jeune femme qui termine son stage en Corée, qui sait si tous les deux ne pourraient pas avoir l'idée d'exporter des produits du terroir français à Séoul ? Si lui et sa partenaire appliquent une approche Lean, c'est-à-dire avec des coûts minimaux, et que Michel profite de tous les dispositifs qui lui sont accessibles pour se financer pendant cette phase, cette exploration peut ne pas coûter grand-chose. Quoi qu'il tente, le potentiel sera évidemment meilleur que d'essayer de gagner sa vie avec un bar-tabac.

Pour José, le jeune pâtissier, la situation est simple en apparence, mais subtile dans son choix du lieu. Il peut démarrer ou reprendre une pâtisserie dans sa région marseillaise, sans autre ambition que de faire vivre son affaire et de percevoir un salaire. Il prend alors le risque de souffrir des affres de l'entrepreneuriat de nécessité, et la France va lui paraître un purgatoire : il contribuera bientôt à la complainte sur les charges sociales, le droit du travail, etc.

En revanche, comme déjà évoqué dans le chapitre sur le patrimoine, son appartenance à ce cluster alimentaire français offre à José la possibilité de démarrer son activité avec une ambition d'entrepreneur d'opportunité. Il pourra alors profiter de toute l'infrastructure, matérielle, culturelle et institutionnelle française, et *in fine* croître à l'international.

Pour José, l'avantage d'avoir été formé dans le cluster alimentaire français donne même accès à un autre scénario intéressant. Ce personnage fictif a été construit avec un nom à consonance lusophone pour pouvoir imaginer que José a une double culture, française évidemment, et portugaise par sa famille, et une maîtrise raisonnable du portugais.

Si José est assez libre et aventureux, il pourrait envisager d'aller s'installer au Brésil et d'y démarrer son activité de pâtisserie française. Sur ce marché, son offre est probablement beaucoup plus compétitive que s'il réussit avec une première pâtisserie dans la région marseillaise. Depuis le Brésil, il sera très proche de pouvoir envisager une stratégie de croissance, ayant déjà franchi le cap de sortir de son environnement national.

Il est même possible qu'il soit plus facile de monter sa première pâtisserie directement au Brésil que de tenter la bascule après avoir réussi en France. En effet, dans l'installation *a priori* à l'étranger, on doit apprendre les us et coutumes locales à un moment où on a peu de ressources. Cependant, en contrepartie, on peut se consacrer entièrement à cette tâche et on a peu d'autres préoccupations que celle de faire démarrer cette activité.

Dans l'expatriation *a posteriori*, après avoir réussi à monter son affaire en France, on doit découvrir des us et coutumes étrangers alors que l'on a déjà une activité qui tourne à l'autre bout du monde. On a certes probablement plus de moyens (bien que cela ne soit pas certain), mais ces moyens risquent d'être entièrement avalés par les divers intermédiaires qui vont aider l'entrepreneur français à tenter son internationalisation.

Le départ immédiat de José au Brésil peut se faire de manière très Lean. Pour commencer, il aurait intérêt à prendre un simple emploi de pâtissier localement pour comprendre les règles, les goûts, etc. Il pourra ensuite se mettre à son compte lorsqu'il sera suffisamment établi et aura compris les us et coutumes de son nouveau milieu.

Y a-t-il un paradoxe à suggérer ce départ, ici dans un ouvrage qui clame les mérites de l'écosystème entrepreneurial français ? Non, car l'expatriation de José ne serait pas une expatriation de fuite, amère, fondée sur une croyance naïve qu'ailleurs serait mieux. Ce serait une expatriation très logique. Dans tous les pays, il y a des cas où cela se justifie, où l'opportunité est meilleure ailleurs.

Le cas de José illustre la bonne logique pour envisager une expatriation entrepreneuriale : le savoir-faire de l'entrepreneur est transportable ; sa valeur ajoutée est plus appréciée dans un marché étranger qu'en France ; et l'entrepreneur dispose d'un minimum de connaissance du milieu cible pour ne pas être trop pénalisé par l'expatriation.

Si ce personnage fictif devait quitter la France, ce serait pour le bénéfice de la collectivité nationale et surtout notre réussite : cet entrepreneur français aurait de plus grandes chances de réussite grâce à un système de formation, un héritage patrimonial et un savoir-faire unique au monde. CQFD.

10

Tourisme : emplois et opportunités pour tous

Le tourisme est un autre secteur d'opportunités évident. La France est une destination touristique majeure, même si les statistiques la mettant en tête des destinations touristiques dans le monde doivent être considérées avec prudence. Toute personne traversant la France pour se rendre ailleurs en Europe est comptabilisée comme touriste, ce qui conduit à surestimer légèrement le phénomène. Si l'on prend en compte les revenus du tourisme, les États-Unis sont très clairement en tête et l'Espagne légèrement devant la France[1].

Au-delà des statistiques, la force de notre écosystème repose sur une combinaison de facteurs. Le pays possède trois façades maritimes majeures (sans compter les DOM et TOM), ainsi qu'une grande diversité de climats, dont une zone méditerranéenne étendue. Par ailleurs, notre patrimoine culturel et historique est exceptionnellement riche et réparti sur tout le territoire. L'infrastructure

1. Ferrand et Bécot, « Le tourisme, un atout formidable pour la France », rapport d'information au nom de la Commission de l'économie, Sénat, 684, 29 juin 2011.

hôtelière et de restauration est homogène et raisonnablement dense. Enfin, et surtout, la marque France est effectivement une des meilleures mondiales, ce qui signifie que le secteur du tourisme profite pleinement de la croissance des pays émergents, et notamment des pays d'Asie.

La culture de service du pays est inégale mais en amélioration. Dans l'hôtellerie de luxe, le service à la française a un certain cachet. Toutefois, la culture du service reste en moyenne très en deçà des standards anglo-saxons et un sujet de taquinerie aigre-doux de la part de nombre de nos visiteurs.

Cette base riche va probablement continuer à croître en importance dans le PIB national. Certains esprits chagrins envisagent même un scénario de décroissance relative de notre économie nationale au terme duquel la France ne serait plus qu'un immense parc d'attraction pour touristes asiatiques.

Très logiquement, le pays a produit son lot de champions, tels Accor et Club Méditerranée. Pour illustrer la vivacité du secteur, notons la réussite récente de Mama Shelter, une chaîne de boutiques-hôtels, fruit de la collaboration de Serge Trigano, fils du fondateur du Club Med, et du designer Philippe Stark. Le principe de Mama Shelter est d'offrir un service de qualité et adapté à des populations sophistiquées, pour un prix réduit, quitte à adapter l'offre et la localisation des hôtels. Cette chaîne a commencé par ouvrir un établissement à succès dans le 20e arrondissement de Paris, hors des circuits touristiques classiques. Néanmoins, le pari a réussi et Mama Shelter s'est étendu en France, puis à l'étranger avec une ouverture à Istanbul.

Remarquons une fois de plus dans cet exemple que le succès entrepreneurial dérive d'une « diagonale », où collaborent un spécialiste du domaine, ici Trigano, et un spécialiste du design, Stark. Dans cet exemple, on retrouve un écosystème entrepreneurial qui offre une large palette de compétences, des effets de marque et de patrimoine.

Pour bien percevoir la richesse des opportunités, revenons aux cas typiques que nous avons synthétisés page 28, en particulier à ceux du jeune pâtissier José et de l'agent de maîtrise Michel. Compte tenu de sa compétence dans le cluster alimentaire déjà évoquée, José a déjà l'embarras du choix de son activité entrepreneuriale, en France ou à l'étranger. Toutefois, notons que l'alimentaire et le tourisme sont deux secteurs entre lesquels des synergies sont possibles : José pourrait envisager de créer une école de pâtisserie pour touristes ou d'organiser des circuits de « tourisme industriel » où le visiteur pourrait observer des artisans typiques dans leur pratique quotidienne, tels un pâtissier préparant ses croissants, un charcutier fabriquant un saucisson, un potier moulant des santons, etc. Ainsi, s'il a l'esprit entrepreneurial, José peut profiter des avantages de deux clusters simultanément.

Pour le développement de cette activité, il pourrait s'allier avec Valérie. Celle-ci parle très bien l'anglais, maîtrise bien la technologie et sait organiser des projets. Et peut-être a-t-elle envie de sortir de la pure technique. En s'alliant avec José, elle pourrait s'occuper du marketing (principalement par un site Internet bien référencé), l'aider à structurer son offre (les parcours de visite culinaire) et rapidement monter en charge en l'aidant à former de nouveaux « guides ».

Parmi nos entrepreneurs en herbe, celui dont le projet est le plus préoccupant est Michel avec son bar-tabac. Le tourisme et ses variantes auraient dû être explorés car il habite une région, le Sud-Ouest, où cette activité est déjà développée et dispose encore d'un gros potentiel de croissance. Dans ce secteur, il pourrait envisager une activité classique, telle qu'ouvrir un gîte rural. Cependant, bien que cette activité puisse être séduisante pour des urbains en mal de reconversion à la campagne, elle est grande consommatrice d'effort sans obligatoirement offrir un fort potentiel. À moins d'une opportunité bien pensée, le gîte est de ce point de vue proche du bar-tabac.

En revanche, si l'on réfléchit aux tendances lourdes du marché, on peut trouver des activités amenées à se développer que Michel pourrait explorer. Par exemple, on constate en Europe et aux États-Unis une migration vers le sud de la population quand elle prend sa retraite. De nombreux Français envisagent ainsi de passer tout ou partie de leurs années de retraite au Maroc ou au Portugal. La France accueille elle aussi ce type de population en provenance du Royaume-Uni ou des pays nordiques.

Michel pourrait ainsi se demander de quels services ces populations pourraient avoir besoin en arrivant sur le territoire. Il y a de nombreuses variantes de travail de guide, d'accompagnement des visiteurs dans les marchés, la campagne, les lieux de visites, etc. On peut aussi imaginer des projets immobiliers où l'on reconvertit des maisons de ville afin de les rendre attrayantes pour des retraités néerlandais. On peut également réfléchir aux difficultés pratiques et administratives qu'il peut y avoir à s'installer dans un pays étranger, même intra-européen, et offrir à ces expatriés (des touristes au long terme) un accompagnement pour maîtriser ces subtilités et rendre leur relocalisation plus facile.

Ce type de projet entrepreneurial est d'autant plus envisageable que Michel parle une langue étrangère, l'anglais. Plus important probablement, il conviendrait que Michel soit capable de s'allier avec un partenaire qui assurerait la commercialisation de son service. Notre territoire regorge d'opportunités, mais la difficulté est souvent de les rendre visibles de l'extérieur. Le plus naturel serait encore une fois de connaître un entrepreneur présent sur un marché cible et qui le développerait. On a imaginé précédemment que Michel serait l'oncle de Clara, laquelle commercialiserait des produits du terroir en Corée. Clara pourrait l'avoir mis en contact avec des amis anglais ou danois rencontrés dans son école de commerce, qui désireraient développer les services et le tourisme dans leur marché, et qui seraient passionnés par la France. Ils se chargeraient d'une offre de relocalisation de retraités originaires de leur marché cible (par exemple Londres ou Copenhague), et Michel s'occuperait d'assurer l'intendance dans le Sud-Ouest.

Nous discutons régulièrement de ce type de projet en salle de classe : c'est une catégorie de projets à toujours encourager car elle va profiter d'une tendance lourde du marché, le besoin croissant de services pour des populations vieillissantes. Si l'on entre dans ce marché par une activité donnée et que finalement cela ne décolle pas, il est fort possible que ce soit une autre opportunité finalement qui émerge, car c'est un domaine riche. Comme le suggère la théorie de l'effectuation, l'entrepreneur ne doit pas considérer son projet de manière statique, mais s'apprêter à travailler dans un domaine sur le long terme, avant de trouver enfin la formule gagnante.

11

Santé, médical, social : l'exception française

Le domaine médical et de la santé a historiquement fourni des opportunités importantes et de nature très variée, que ce soit dans le domaine industriel, celui de la R&D ou des services.

Tout d'abord, même si elle ne peut se comparer au géant américain, notre industrie pharmaceutique reste à un haut niveau mondial, avec un géant, Sanofi, dans le top 10. Malgré tout, l'industrie connaît des difficultés comme l'illustre la réduction d'emplois massive annoncée en 2012 par Sanofi sur le bassin toulousain[1].

Paradoxalement, on peut voir dans ces difficultés mêmes une opportunité entrepreneuriale. Il n'y a nul optimisme béat dans ce point de vue, seulement la prise en compte objective du concept de *destruction créatrice* : toute industrie se construit par la destruction de ses géants d'avant-hier.

1. Marcaillou, « Sanofi va accompagner l'évolution du site de Toulouse pendant cinq ans », *Les Échos*, 21 mai 2013.

À Toulouse, les centaines d'ingénieurs, cadres, chercheurs remis sur le marché, soutenus par les services de l'État de multiples manières, pourraient être la base d'une mini-explosion entrepreneuriale, car leurs compétences rassemblées sont potentiellement le noyau de nouvelles activités. L'histoire dira si cette mésaventure aura au moins ce bénéfice.

Dans le domaine des services médicaux, notre système mixte public-privé a favorisé l'émergence d'une génération d'entrepreneurs ayant donné naissance à un réseau robuste de cliniques privées. Leur création de valeur bénéficie du mécanisme de redistribution d'une Sécurité sociale qui offre un service relativement homogène à toute la population, en permettant que celui-ci soit fourni par le secteur privé. Cette communauté est certainement l'une de celles qui bénéficient le plus d'un système « à la française » pour se construire des fortunes parfois significatives.

Dans le domaine de l'innovation médicale, la France a une forte tradition et de nombreux succès dont les plus célèbres font la une des journaux. Par exemple, une équipe française a codécouvert le virus du sida et une autre a réalisé la première double greffe de main. Cette technicité donne naissance à de nouvelles entreprises comme dans le cas du premier cœur artificiel permanent implanté par le professeur Carpentier et produit par son entreprise CARMAT. Sa structure dérive de sa rencontre avec un géant de l'entrepreneuriat français,

Jean-Luc Lagardère, fondateur de Matra. Une fois de plus, nos chers budgets militaires réapparaissent... même là où on ne les attend pas.

Ces exemples dans le domaine médical pourraient fournir des pistes à nos entrepreneurs fictifs, en particulier à Valérie, l'ingénieure en automatismes. Pour l'instant, elle envisage simplement de monter une structure de conseil, une SSII de plus dans un paysage assez encombré. Elle pourra certainement en vivre. En revanche, si Valérie avait la chance de croiser des chercheurs dans le domaine médical, elle pourrait se rendre compte que ses compétences robotiques sont fondamentales pour des développements très ambitieux dans ce domaine. Elle pourrait commencer par une offre de service, toujours une SSII, mais focalisée sur la robotique de précision utilisée dans le domaine médical. Cela lui permettrait de gagner sa vie dans un premier temps. Après un certain nombre de projets, elle tomberait peut-être sur une idée, un produit, que sa PME pourrait développer en propre, et dans un second temps démarrer alors une aventure d'opportunité beaucoup plus ambitieuse.

L'entrepreneuriat social, ce mastodonte invisible

Une particularité de l'écosystème français s'exprime dans ce domaine de la santé : une présence forte de l'entrepreneuriat social, celui qui se définit comme ayant finalité sociale. Sans exclure le profit, même si beaucoup de ces entreprises sont sans but lucratif, une finalité sociale peut couvrir de nombreux cas : les services et produits qu'elle propose (environnement ou service à la personne ou commerce équitable), par les salariés qu'elle emploie (entreprises d'insertion pour des salariés très éloignés de l'emploi ou entreprises adaptées pour des salariés handicapés), par ses bénéficiaires (personnes handicapées, ou malades, ou âgées, jeunes en difficulté, mal-logement, par exemple), ou par ses statuts ou sa gouvernance (associations, coopératives, mutuelles, fondations, etc.).

Au premier abord, on pourrait considérer la France comme inférieure aux États-Unis, en particulier quand il s'agit d'user de structures civiles, bénévoles et philanthropiques. Ce lieu commun peut être justifié dans certains domaines. Par exemple, il est difficile pour les grandes écoles et universités françaises de susciter des dons de montants comparables à ceux dont bénéficient les universités américaines pour se développer.

Néanmoins, le secteur social est très actif en France, et constitue donc une source importante de création de valeur et d'opportunités entrepreneuriales. Il n'est absolument pas restreint au domaine de la santé, s'appliquant aussi à l'éducation, aux transports, etc. Son impact économique et social est massif, représentant environ 10 % du PIB et 12 % des emplois.

Dans le domaine de la santé, on pourra mentionner par exemple les maisons de retraite ou pour handicapés qui sont gérées en social et/ou par le secteur privé à but lucratif.

Ce secteur social entrepreneurial est très vivace, grâce entre autres au soutien de l'État, qui y voit une manière de déléguer des missions qu'il considère comme importantes mais dont il refuse d'assumer le coût complet ou l'organisation effective par manque de moyens, de volonté ou de savoir-faire. Pour nos entrepreneurs, cela constitue un domaine attrayant car permettant de s'épanouir, de vivre de son activité entrepreneuriale en contribuant à résoudre des problèmes importants pour l'avenir de la société et que ni les politiques publiques ni les entreprises privées lucratives ne peuvent relever.

12

Les autres secteurs : sans attraits, voire à éviter et à faire ailleurs ?

Il est inutile de tenter de parcourir la totalité des paysages sectoriels français. Ce qu'il faut retenir, c'est que nombre d'entre eux constituent autant de clusters d'opportunités, soit dans leur ensemble, soit ponctuellement dans tel ou tel domaine.

Médias et culture : entrepreneurial, étatique ou en déclin ?

Le secteur des médias, de la culture et du cinéma doit être mentionné, même si sa situation est ambiguë. Dans son ensemble, il bénéficie là encore des aides de l'État sous des formes diverses et variées. Les subventions à la culture sont parmi les plus généreuses au monde, venant de tous les niveaux de la collectivité. Certains mécanismes sont plus subtils, tel le statut privilégié des intermittents, dont usent (et potentiellement abusent) les individus mais aussi les patrons des maisons de production ou des chaînes de télévision. Certains mécanismes comme ceux relatifs au contrôle des prix (édition) ou à la régulation de la distribution (presse) sont aussi spécifiques au marché français, faisant la fortune de certains et la tristesse de ceux qui y voient des monopoles iniques...

Le secteur bénéficie aussi du patrimoine et de la marque France, jouant un rôle non négligeable dans le maintien de l'un des rares clusters du cinéma de niveau mondial, avec les États-Unis, le Royaume-Uni, l'Inde avec Bollywood, et le Nigéria avec Nollywood.

L'ensemble a donné lieu à l'émergence de géants tel Vivendi/Canal+, et constitue d'ailleurs l'un des domaines les plus entrepreneuriaux en France, avec une industrie de la production audiovisuelle dynamique.

Néanmoins, si l'on compare la France avec d'autres pays, la situation est inégale. Certes notre pays est l'un des rares à avoir conservé une industrie du cinéma forte. Par contre, le reste du secteur culturel marchand (par exemple l'édition ou la télévision) se situe dans la moyenne[1]. Il a perdu au fil du temps son caractère d'opportunité, même si ces domaines médias restent des environnements très entrepreneuriaux et donnent ponctuellement lieu à de belles aventures.

1. Laurent, « Les industries culturelles en France et en Europe. Points de repère et de comparaison », *Culture chiffres*, 7, 24 octobre 2014.

Des secteurs moins évidemment privilégiés

Progressivement, nous nous approchons de secteurs moins favorables, pour atteindre parfois des secteurs véritablement défavorables.

Parmi les domaines à aborder avec précaution, ou pouvant justifier l'expatriation, on comptera nombre de secteurs manufacturiers. Le manufacturier à faible valeur ajoutée s'est déplacé depuis longtemps vers les pays à bas salaires, tels que la Turquie, la Chine, et maintenant le Vietnam. Le manufacturier à valeur ajoutée reste compétitif dans certains pays d'Europe de l'Est ou en Allemagne. Dans ces domaines, l'entrepreneur désirant se développer en France devra porter une attention particulière à l'équation économique. Ainsi, des produits industriels, comme les robots de la société Parrot, peuvent constituer une opportunité à condition de sous-traiter tout ou partie de la production.

Dans le domaine des services aussi, certaines activités ne sont pas absolument impossibles en France, mais seront plus naturellement développées à l'étranger. Par exemple, d'immenses opportunités existent dans les services à distance, ou les centres d'appel. Ce sont des activités dont la partie « production » peut être effectuée dans des bassins d'emplois avec du personnel formé mais bien moins cher qu'en France, par exemple au Maroc ou au Sénégal. On pense aussi à l'agriculture intensive, où les fortes croissances sont plus facilement envisageables en Afrique ou en Amérique du Sud.

La comparaison avec l'étranger

Le choix du domaine d'activité où l'entrepreneur d'opportunité peut bénéficier d'un cluster d'excellence est donc très large en France, plus large qu'on ne l'imagine communément. Cependant, qu'en est-il ailleurs, comment cette situation se compare-t-elle aux choix disponibles dans d'autres écosystèmes ?

En termes de possibilités, le paradis entrepreneurial sans égal reste les États-Unis. La taille de son économie, ses ressources naturelles, sa politique militaire, son système universitaire et son extraordinaire domination culturelle au XXe siècle offrent un choix unique au monde : énergie, high-tech, médias, alimentaire, luxe, tout y est possible à très grande échelle. Si l'écosystème entrepreneurial français doit se comparer aux États-Unis, l'avantage ne se fera pas sur la gamme des opportunités possibles.

Qu'en est-il des autres destinations classiques pour le jeune en recherche d'opportunités ? Le Royaume-Uni a une histoire et une géographie relativement similaires à la nôtre. Londres est évidemment un cluster dominant dans le domaine financier. Il est donc logique que des jeunes rejoignent cette ville pour faire carrière dans ce domaine.

Les autres domaines de l'économie sont relativement similaires, avec la même perte d'activité industrielle qu'en France. Dans la high-tech au sens large, le Royaume-Uni a un secteur vivace avec d'excellentes formations universitaires. Pour les startups, Londres bénéficie d'un accès facilité au financement de grande ampleur, mais la France a pour elle son histoire dans l'armement, l'important soutien public aux secteurs militaire et de santé. Dans l'entrepreneuriat moderne empreint de Lean, la disponibilité de capital d'investissement n'étant pas essentielle et Paris coûtant moins cher que Londres au quotidien, l'avantage de démarrer au Royaume-Uni n'est pas évident.

Pour nos autres domaines d'excellence, on pourrait débattre de la force relative de la marque France comparée à la *British touch*, en particulier dans le luxe ou dans l'agroalimentaire. Par contre, notre territoire dispose d'un plus fort potentiel dans le secteur touristique. De façon générale, l'entrepreneuriat d'opportunité n'est pas mieux servi au Royaume-Uni, car la France offre une gamme de domaines d'excellence largement équivalente, si ce n'est supérieure.

Cette situation est similaire en Allemagne. On y retrouvera au moins un secteur véritablement à l'avantage de ce pays, le secteur manufacturier de pointe qui s'y porte encore bien, alors que la situation s'est fortement dégradée en France. Au contraire, dans d'autres secteurs (le luxe, l'agroalimentaire, le tourisme, et même la high-tech), l'avantage est à la France.

Si l'on trouve au Japon un tableau relativement similaire à ces grands pays européens, hors de ces écosystèmes très riches (États-Unis, France, Royaume-Uni, Allemagne, Japon), le choix de clusters d'excellence se rétrécit. Les autres nations européennes ont chacune leurs spécificités, mais aucune n'offre le large panel disponible en France.

Un cas intéressant est Israël. Cette nation a reçu dans un ouvrage le titre enviable de « Start-up Nation[1] », et la scène high-tech israélienne fait rêver nombre d'entrepreneurs français. Cependant, ce succès est très spécifique car il trouve ses sources dans l'expérience militaire, le recours à des technologies et des réseaux qui ne sont pas facilement accessibles à un arrivant de l'étranger. L'exemple le plus emblématique de cette situation est le fait que nombre de fondateurs de startups israéliens semblent être passés par la fameuse « unité 8200 », responsable de la guerre électronique. Cette culture, cette pratique et un excellent système éducatif font d'Israël un des clusters d'excellence au niveau mondial... mais surtout dans la high-tech. Cet écosystème ne peut pas être considéré comme particulièrement favorable à l'immense majorité des autres secteurs. D'ailleurs, le gouvernement aide généreusement les entrepreneurs à condition que leur projet s'appuie fortement sur de la R&D.

Si l'on considère les BRIC (Brésil, Russie, Inde, Chine), ces économies ont des tendances à moyen terme favorables et ont fait émerger des secteurs d'excellence

1. Senor et Singer, *op. cit.*

liés à leurs ressources (par exemple énergie ou agriculture) ou activités primaires (par exemple le secteur manufacturier en Chine). En volume, la valeur créée par l'activité entrepreneuriale dans ces pays est supérieure à la nôtre. Mais un entrant peut-il y devenir entrepreneur ? Il y a probablement encore des milliards à générer dans l'énergie en Russie, et probablement beaucoup de valeur créée dans l'agriculture chinoise ou dans le secteur minier au Brésil. Cependant, est-ce accessible à un étranger, à quelqu'un qui n'est pas protégé localement par un réseau, qui n'est pas membre du parti, ancien de l'armée, ou qui n'est pas déjà propriétaire terrien ?

En réalité, ces marchés sont très contrôlés, autant pour les locaux que pour les étrangers. De plus, le spectre des domaines où l'on peut créer une activité à fort potentiel international n'est pas si large que cela dans chacun de ces marchés. Ainsi, si la richesse entrepreneuriale dégagée sur ces marchés est séduisante, cela n'implique pas que ces écosystèmes soient plus favorables pour l'entrepreneur étranger. En tout cas, pour prendre un exemple classique, nombre d'Européens s'essaient à l'eldorado chinois, mais l'immense majorité en revient refroidie, tant le marché y est encore très opaque et peu sûr.

IV

Est-ce vraiment si compliqué d'entreprendre en France ?

L'entrepreneuriat est toujours un combat, ici ou ailleurs. En France, il n'est pas une chose aisée. L'entrepreneur doit surmonter des obstacles spécifiques que l'on ne croiserait pas obligatoirement ailleurs. Nous devons donc évoquer ici ces facteurs désagréables.

Tout d'abord, rappelons qu'un écosystème peut souffrir d'une longue liste de défauts et néanmoins demeurer un paradis. Pour cela, il suffit qu'il fournisse beaucoup de facteurs de motivation et qu'il soit juste « acceptable » sur les facteurs d'hygiène. Ainsi que nous l'avons défini plus haut, les facteurs de motivation comprennent l'accès à un large choix de secteurs d'excellence et de facteurs d'opportunité, ces ressources particulières qui facilitent l'innovation et l'entrepreneuriat. Par exemple, dans le cas de la France, ces facteurs sont le patrimoine, la marque et le capital humain. Les facteurs d'hygiène comprennent par exemple les processus administratifs. L'entrepreneur n'a pas besoin que les processus comptables, administratifs, etc., soient excellents. Il lui faut simplement bénéficier d'un fonctionnement « suffisant », pour ne pas être confronté à des situations bloquantes.

Avant d'entrer dans le vif des sujets qui fâchent, mentionnons quelques aspects spécifiques mais qui ne sont pas trop problématiques.

Une première faiblesse de l'économie française est sa faible croissance. Historiquement, la croissance a induit naturellement la création de nouvelles activités. Malheureusement, la France n'a plus une économie émergente ou de reconstruction, et ses taux de croissance sont donc structurellement bas et le resteront.

Pour pouvoir bénéficier d'une forte croissance économique, l'entrepreneur dispose d'un grand choix d'écosystèmes autres que la France : les BRIC, de nombreuses zones en Asie, la Turquie et certains pays d'Afrique ou d'Amérique du Sud. Malheureusement, ces économies en croissance sont souvent dangereusement moins organisées. Ces écosystèmes rugueux ne sauraient être recommandés qu'à ceux qui ont un fort goût pour l'aventure dans tous les sens du terme, et si possible des liens personnels avec leur écosystème d'élection.

Ceux qui restent dans des économies à croissance limitée se consoleront en se souvenant que Schumpeter a décrit l'économie comme un lieu où s'exerce la *destruction créatrice* : l'opportunité pour l'entrepreneur apparaît à tout moment, même sans croissance macro-économique.

Concentrons-nous maintenant sur les sujets qui fâchent...

13

L'Administration, entre bureaucrates et avocats

Oui, nos processus administratifs sont lourds. Oui, certains sont douloureux, et l'on se prend à rêver de ne plus avoir à traiter avec l'Administration.

Historiquement, l'une des critiques les plus virulentes contre l'environnement entrepreneurial français portait d'ailleurs sur les procédures administratives, à commencer par les procédures de *création* d'entreprise. Il est certainement vrai que, il y a trente ans, la création d'une entreprise en France était excessivement compliquée et longue. Aujourd'hui, nombre de ces processus ont évolué, mais la relation difficile de l'entrepreneur avec l'Administration française perdure.

Pour ces facteurs d'hygiène que sont les processus administratifs, la question se pose donc de savoir s'ils sont inacceptables, en particulier en comparaison avec d'autres pays.

Comment gérer l'Administration en France

Évaluons donc la situation française de manière comparée. De multiples vagues de modernisation de l'économie ont eu lieu ces dernières décennies, la bulle Internet a attendri nos gouvernants et administrations par rapport à l'entrepreneuriat, et les processus administratifs de gestion des entreprises ont été adaptés. De multiples simplifications ont été introduites, par exemple la création du statut d'auto-entrepreneur qui a débloqué la création d'entreprise au niveau individuel.

Aujourd'hui les processus de création d'entreprise en France peuvent être considérés comme modernes et dans une très bonne moyenne, ce qui est plus que suffisant pour un tel facteur d'hygiène. Pour être clair, il est aujourd'hui tout à fait faisable de créer une entreprise en quelques jours, quelques heures même, et globalement les entrepreneurs ne ressentent plus trop de difficulté dans ce domaine.

En revanche, la gestion au quotidien des processus administratifs et juridiques continue de poser problème. En effet, la relation avec les administrations est souvent considérée comme une douleur continue, à tel point d'ailleurs que l'histoire retiendra qu'un secrétaire d'État a bien tenté de justifier sa fraude fiscale par une « phobie administrative ».

Face à ce stress, deux doctrines s'opposent. L'approche radicale ne voit dans l'Administration qu'un poids mort de bureaucrates ayant peu de compréhension et de respect pour l'entrepreneur. Certains fustigent l'URSSAF : moi-même, je continue à recevoir des courriers tous les deux ans pour une prétendue charge de quelques dizaines d'euros... impayée il y a dix ans ! (Je suis prêt à la payer pour la troisième fois si l'un de mes lecteurs, membre de cet organisme, peut me promettre qu'après, promis, juré, je ne recevrai plus de courriers.)

D'autres ont connu des (més)aventures avec les impôts ou avec l'Inspection du travail. Certains blocages impliquent des administrations connexes à l'activité entrepreneuriale pure. Ainsi, les services de la petite enfance des mairies ont longtemps considéré que l'entrepreneur qui démarrait son entreprise était « à la maison » et ne méritait donc pas de place à la crèche pour son enfant ! Enfin, certains classeront la justice dans le même panier, en raison de sa grande lenteur. Celle-ci met souvent en danger l'État de droit, comme les multiples condamnations des cours européennes l'attestent, mais c'est une autre affaire.

Tout acteur de l'écosystème entrepreneurial français sait que le découragement peut parfois s'installer, et le fait de considérer cela comme un « facteur d'hygiène » ne suffira probablement pas à calmer l'entrepreneur au bord de la crise de nerfs.

Un autre point de vue consiste plutôt à souligner le fait que l'on peut négocier et discuter avec l'Administration française, même si cela est parfois compliqué et que le résultat est incertain. Cette attitude conduit à considérer l'Administration comme une entité à gérer, comme toute autre ressource. L'approche par la « ressource » est intéressante, car toute entreprise a potentiellement comme fournisseur principal... l'État. Pour s'en convaincre, il suffit de constater que, au compte de résultat de toute entreprise, les charges et impôts constituent souvent la plus grosse charge, parfois même avant les salaires et les matières premières. L'État est une institution qui fournit de nombreux services, autant alors le considérer pour ce qu'il est, un fournisseur qu'il va falloir *gérer*.

Quelle signification dans la pratique ? Cela implique que, pour la majorité des entreprises naissantes, la première chose à faire est de mettre en place un processus de gestion simple mais professionnel. En prenant le scénario habituel de création d'une PME dans la structure la plus flexible qu'est la SARL, il est ainsi recommandé de déléguer ces activités administratives par sous-traitance à un comptable, dès la création. Un comptable sera à même de connaître les dernières lois concernant la fiscalité ou les charges, de savoir dans quelle mesure on peut éviter d'en payer si l'on n'a pas encore de revenus, etc. De plus, sa fonction est bien de s'occuper de ces relations, par exemple en envoyant un courrier très tôt à l'URSSAF pour signaler son statut, obtenir confirmation des impositions, etc.

Cela paraît évident mais est souvent oublié. Certains essaient désespérément de tout faire seuls, de « comprendre » la législation eux-mêmes et risquent donc de craquer. D'autres pensent à mettre en place une structure administrative plus compliquée, embauchant leur propre directeur administratif ou faisant entrer des avocats dans la danse.

La beauté du système entrepreneurial français est la possibilité de créer et de gérer une SARL avec l'aide d'un « simple » comptable expérimenté (« simple », car nul besoin d'un grand cabinet onéreux), dont le coût approximatif est de quelques centaines d'euros par trimestre. Cette approche va permettre de mettre relativement sous contrôle le processus administratif et juridique, applicable à une grande majorité de nouvelles entreprises tant qu'elles ne font rien de très compliqué (par exemple, pas de gros contrats à l'export). Cette approche n'est pas universelle : elle est trop coûteuse pour nombre d'entrepreneurs de nécessité et elle est trop simple pour des entreprises plus grosses. Cependant, elle fonctionne très bien pour l'immense majorité des entrepreneurs d'opportunité.

Alors comment se compare la bureaucratie française ?

Pour comparer les processus administratifs des différents écosystèmes, il faut les considérer dans leur globalité. La France s'inscrit dans une tradition juridique de droit civil, un système de droit où la loi est écrite. Cette tradition est amplifiée dans la culture française par une Administration forte qui ne se contente pas d'écrire la loi, mais impose aussi une empreinte assez invasive dans la vie courante : chaque domaine du droit, par exemple le droit du travail, est associé à une branche administrative forte avec d'importants moyens, souvent des moyens de nuisance.

À l'inverse, on peut rêver au marché libre et aux administrations sans douleur des pays anglo-saxons, en particulier au Royaume-Uni et aux États-Unis. Mais s'il est vrai que la pression administrative y est sans doute moindre, ces écosystèmes ne sont absolument pas exempts de contraintes. Leur tradition est celle de la *common law*, où la loi écrite joue un moindre rôle que le pouvoir d'interprétation du juge. De plus, la culture administrative est moins forte, ce qui, en apparence, devrait être favorable à l'entrepreneur. Cette impression favorable perdurera jusqu'à ce que l'entrepreneur se rende compte que *rien ne se fait sans avocats* dans ces pays-là !

Pour nos entrepreneurs en herbe, arriver à New York ou à Londres pour créer son entreprise implique d'avoir recours à des avocats, car malheureusement tout acte dans ces environnements a une dimension juridique inconnue des Français. Embaucher une personne, signer un contrat sans se faire accompagner par des professionnels est une gageure, de même que louer ou acheter des locaux, ou signer un acte commercial. Pour un étranger et surtout dans l'entrepreneuriat d'opportunité (ayant vocation à croître et donc nécessitant une base solide), se passer d'avocat est suicidaire.

Le problème est qu'un avocat à Londres, Menlo Park ou New York coûte très cher. Le taux horaire dans la Silicon Valley est au minimum de 200 dollars, avec une moyenne de 500 dollars, et la moindre création d'entreprise va donc coûter des milliers de dollars dans le cas le plus simple. De plus, ce n'est que la partie émergée de l'iceberg, l'initialisation. Toute la vie de l'entreprise anglo-saxonne est soumise à divers aléas juridiques et donc nécessite un accompagnement important et coûteux, en permanence, par des avocats.

La raison en est simple : la *common law* autorise beaucoup plus de liberté, mais cette liberté se retrouve aussi face à l'entrepreneur, dans ses relations à ses employés, investisseurs, fournisseurs. Chacune de ces relations est une bombe à retardement qui peut déboucher sur une procédure juridique capable de mettre à genoux l'entreprise. C'est là que la comparaison avec la France devient intéressante.

La Banque mondiale s'est livrée précisément à cet exercice dans son étude annuelle *Starting a Business*[1]. Son calcul estime le coût de lancement d'une entreprise en prenant en compte la totalité des procédures, administratives et juridiques confondues. Le résultat reflète bien une réalité contre-intuitive. La France est 28e au niveau mondial. Toutefois, ce classement met la France devant le Royaume-Uni (45e), les États-Unis (46e), Israël (53e) et l'Allemagne (114e). Les BRIC, hormis la Russie (34e), sont mal classés : la Chine est 128e, l'Inde 158e et le Brésil 167e.

Voilà donc l'une des idées phares des critiques de l'écosystème français qui se dissout lorsqu'on la reformule.

1. « Starting a Business – Doing Business », Banque mondiale, 2015, http://www.doingbusiness.org/data/exploretopics/starting-a-business

Le simple fait de prendre en compte la totalité des processus en agrégeant la totalité du flux administratif et juridique rend immédiatement la France très attrayante.

Oui, la France a une tradition bureaucratique, mais non, cela n'implique pas que la création d'entreprise en soit pénalisée, au contraire.

14

Le droit du travail, entre cultures et choix toxiques

Voilà un domaine qui mériterait un livre entier : les comparaisons sont difficiles étant donné la complexité des codes et des cultures. Faisons simple.

Difficile de décroître

Le droit du travail français et, de manière plus générale, la nature des relations en France entre les partenaires sociaux constituent un point faible majeur pour l'entrepreneuriat : *la décroissance d'activité, et donc du personnel, y est particulièrement difficile à gérer.* Cet aspect doit être considéré comme une cause de mortalité des organisations spécifique à la France. Des entreprises viables dérapent quand le besoin de réduction d'activité grippe les relations sociales, que les délais et coûts des plans sociaux aggravent une situation déjà dégradée. Ces effets psycho-sociaux sont parfois suffisants pour couper l'élan d'une entreprise qui aurait peut-être survécu ailleurs.

Fort heureusement, les cas où ce grippage a lieu sur des entreprises d'opportunités sont rares, car celles-ci ont tendance à croître sans trop de retours en arrière. Aussi, l'entrepreneuriat d'opportunité peut aider à établir un esprit gagnant-gagnant qui facilite le maintien d'une relation productive entre les partenaires sociaux. Néanmoins, ce type de dérapage joue un rôle important dans des entreprises plus anciennes où les « jeux » sont devenus plus pervers.

Des obstacles à l'innovation qui ne sont pas spécifiques

Même si le droit du travail français a des spécificités qui peuvent être gênantes, il n'est pas clair qu'il crée particulièrement plus d'obstacles à l'innovation qu'ailleurs.

Considérons les nouveaux « business models » où la chaîne de valeur et le rôle du travail sont potentiellement bouleversés. La célèbre startup californienne Uber, fournissant des alternatives au taxi, est un exemple flagrant et bien documenté.

Uber s'est trouvée attaquée médiatiquement, juridiquement et politiquement en France... mais pas seulement. Aux États-Unis, pays d'origine d'Uber, de nombreux États et villes, notamment Los Angeles, ont édicté des réglementations anti-Uber. Les taxis d'Atlanta, eux, ont monté une action juridique massive contre Uber. Par ailleurs, des blocages ont été organisés contre Uber par les taxis, non seulement en France, mais aussi à Milan, Londres, et même Bangalore en Inde.

Uber a été temporairement interdit en Espagne. La mairie de Bruxelles l'a bannie. Celle de Toronto a essayé de faire de même. Celle de Montréal a interdit Uber X (« UberPop » en France). La liste est longue.

De manière plus pressante, à l'automne 2015, la justice californienne a accepté une action collective pour forcer Uber à changer son modèle de business. Pour l'instant, son activité est fondée sur le concept de sous-traitant : un chauffeur Uber est considéré comme un indépendant, donc hors du cadre du droit du travail. Les tribunaux californiens pourraient donc décider que ce service devrait plutôt être requalifié comme une relation de salariat, sous contrat de travail, ce qui changerait fondamentalement le modèle économique et opérationnel d'Uber.

Pourtant, l'opinion publique interprète la situation comme si la France constituait un cas exceptionnel de refus d'expérimenter de nouveaux modèles de business. On retient aussi que les politiques et syndicats français voient en UberPop une source de dumping social et une activité échappant au droit du travail, à la réglementation de l'activité (taxi) et à la fiscalité. Ils l'interdisent donc.

Mais cette préoccupation est-elle propre aux politiques et au droit français ? Non, les juges et législateurs californiens sont tout aussi intrigués par la situation. Le droit du travail californien est souvent très contraignant dans ces domaines, et il le prouve aujourd'hui en étant, de loin, le plus grand opposant à Uber.

D'ailleurs, les difficultés massives d'Uber sur le marché nord-américain ne sont absolument pas isolées.

Homejoy était une startup qui avait prévu de développer un modèle à la Uber, mais pour le nettoyage de maison. En mars 2015, deux procès ont été lancés aux États-Unis par d'anciens prestataires de service d'Homejoy, demandant à la justice de forcer l'entreprise à les reconnaître comme *employés* et non comme *fournisseurs*, donc cherchant à obtenir la protection du fort avantageux droit du travail californien. L'entreprise a jeté l'éponge et fermé.

Compte tenu de ce contexte, la question qui se pose est de savoir pourquoi certains voient dans l'affaire Uber une spécificité française là où il n'y en a pas ? Si Homejoy avait été française et fermée à Paris parce que deux personnes cherchaient à obtenir la protection du droit du travail, ce fait aurait probablement été repris par des commentateurs pour tenter de « prouver » une fois de plus que la France a un problème spécifique de droit du travail, à tort.

Un droit encadrant trop les modalités du travail ?

Une variante courante de ce fantasme dénonce notre environnement de travail sur-réglementé, coincé entre les obligations syndicales et un code du travail obèse. Dans ce domaine, les études comparatives sont complexes. Néanmoins, contrairement à la croyance populaire, l'entrepreneur ne devrait pas songer à l'Allemagne ou aux États-Unis pour échapper aux réglementations ou aux syndicats.

Dans le domaine des réglementations du droit du travail, une anecdote en dit long. Lorsque je travaillais aux États-Unis, je me suis retrouvé à tenir un stand lors d'une conférence à New York. Le premier jour, devant démarrer l'ordinateur, je me penche pour le brancher sur le secteur. « Stop ! », me hurle un collègue, qui m'explique ensuite qu'il n'est pas question de brancher un appareil sur une prise... car c'est un acte réglementé qui ne peut être exécuté que par un électricien membre du syndicat des électriciens new-yorkais.

Cette anecdote serait-elle un cas isolé ? Pas du tout. D'après *The Economist*[1], si, en 1950, 1 travailleur américain sur 20 avait besoin d'un permis pour exercer une activité, aujourd'hui c'est 1 sur 3. La prétendue liberté de travail sur le marché nord-américain est une illusion, et le fait qu'Uber connaisse des problèmes en réalité plus sérieux dans son pays d'origine que dans le prétendu enfer entrepreneurial français n'est donc pas étonnant.

Autre élément intéressant à prendre en compte avant de se précipiter vers le Far West fantasmé : la culture du licenciement n'est pas aussi forte aux États-Unis qu'on aimerait le penser ici. Pour exemple, Hewlett-Packard n'a jamais licencié en quarante ans car cela ne faisait pas partie de la culture de la maison, ni de la Silicon Valley en général. Les grandes Business Schools américaines sont d'ailleurs obligées d'insister sur la nécessité de licencier quand le manque de performance le justifie. Et l'on

1. « Tourists beware. A report from the seamy underworld of unlicensed tour guides », *The Economist*, 10 mai 2014.

précise que si l'employé va au tribunal, les chances sont grandes que la cour lui donne raison. Une situation qui rappelle étrangement nos célèbres prud'hommes.

Il faut toutefois souligner une différence importante : quand un conseil des prud'hommes tranche en France, la charge peut paraître élevée, mais elle se compte toujours en mois, à la rigueur en années d'indemnités de salaire. Quand un employé américain porte plainte aux États-Unis, on peut aboutir à un jugement qui s'évalue en millions de dollars, ce qui est parfois suffisant pour tuer l'entreprise. Ce risque n'est absolument pas théorique. Si vous montez votre entreprise dans la Silicon Valley et que vous entrez en conflit avec un ingénieur, dans le meilleur des cas, les seuls frais d'avocats vous feront amèrement regretter nos tranquilles tribunaux de prud'hommes.

Une culture d'antagonisme des partenaires sociaux

Le droit du travail devient un sujet particulièrement sensible en France lorsqu'on aborde la question de la représentation syndicale. Dans le domaine de l'entrepreneuriat, le sujet est souvent abordé sous le seul angle du seuil des 50 employés qui rend obligatoire la constitution d'un comité d'entreprise (CE) et d'autres modalités de représentation syndicale. Certains petits patrons y voient une dose de représentation insupportable, un effort qui, à lui seul, pourrait prétendument tout expliquer de la faible croissance des PME françaises.

Face à cet argument, il convient de rappeler comment cette question est gérée en Allemagne. L'entrepreneur allemand accepte de travailler avec les syndicats dès la création de l'entreprise, car la loi impose de les intégrer immédiatement à la gouvernance effective de la société, et de la manière la plus intime puisqu'ils siègent directement au niveau du Vorstand (conseil d'administration) et non dans une instance séparée.

Le contexte allemand se révèle préférable à l'usage, car l'entrepreneur n'a nulle tentation de finasser sur les franchissements de seuil pour éviter d'avoir une représentation. Peu de tentation aussi d'instaurer un dialogue de sourds ou de dupes au sein d'une instance d'ombre et de lumière comme le comité d'entreprise.

On ne saurait trop encourager l'entrepreneur français à s'inspirer du modèle allemand et à intégrer une relation constructive avec les partenaires sociaux le plus en amont possible... avant que les ennuis n'arrivent ou que la loi ne l'y « force ».

Certains répondront qu'une telle approche n'est pas envisageable en France compte tenu de l'antagonisme qui existe maintenant entre les partenaires sociaux. Pour le patron, approcher la situation à l'allemande serait voué à l'échec car rien n'assure que les syndicats ne vont pas persévérer dans leur attitude d'antagonisme. Les dirigeants d'entreprises n'ont jamais de mots assez durs pour attribuer la seule responsabilité de ces relations exécrables aux syndicats, en laissant entendre par là qu'eux seraient prêts à « faire comme en Allemagne ».

La question se pose donc : est-ce de l'angélisme de penser que l'on peut lancer son entreprise en France en essayant d'établir une relation constructive avec ses syndicats ? Est-ce de l'angélisme d'*initier* la culture et les pratiques de la concertation sur une volonté sincère de manière à ce que les syndicats soient réellement impliqués dans une cogestion et qu'ils soient représentatifs ?

En tout cas, cette approche a fonctionné pour certains groupes industriels français comme Schneider, qui sont toujours allés bien au-delà de ce que prévoyait la loi et se sont rapprochés du modèle allemand.

Au fond, similairement aux relations parents-enfants ou policiers-population, la relation patron-employés est une relation asymétrique d'action (unicité d'action du côté du patron, pas du côté des employés) et de pouvoir (l'entreprise est la « propriété » du patron). Autant les parents et les policiers ont une responsabilité supérieure qui dérive de leur pouvoir et de l'unicité de leur action, autant le patron a une responsabilité supérieure à devoir s'entendre avec ses employés. Le droit français comme le droit allemand ne font que refléter cette responsabilité.

Pour s'en convaincre, prenons un exemple célèbre et tout à fait illustratif. Contrairement à l'imagerie populaire, le marché du travail américain est abîmé par des relations patronat-syndicat très difficiles. L'industrie aérienne américaine en est un exemple, où la plupart des entreprises connaissent des conflits syndicaux durs, qui souvent les mettent en danger de dépôt de bilan. Par exemple, Eastern Airlines a fait faillite en 1991 suite à un conflit avec ses syndicats. De même, United a dû se déclarer en cessation de paiement en 2002 durant un conflit avec ses employés. Il s'agit d'un secteur compliqué du fait de ses syndicats souvent jusqu'au-boutistes. Franchement, peu d'entrepreneurs français sont confrontés à une telle situation.

Comment cette situation est-elle enseignée à la Harvard Business School (HBS) ? De manière fort intéressante, il y est suggéré de bien étudier le cas de Southwest Airlines, une compagnie aérienne fondée en 1971 par Herb Kelleher. Quelle a été l'approche de Kelleher afin de surmonter cette difficulté chronique dans son industrie ? Au-delà d'un certain nombre de décisions stratégiques originales (par exemple, pas de système de hub), il a décidé de bien traiter son personnel, de lui donner 15 % du capital et de l'inviter au conseil d'administration : un vrai modèle de cogestion germanique, et ce au milieu d'une zone de guerre syndicale.

Quel a été le résultat de cette approche volontariste ? Southwest a été pendant des décennies la seule entreprise régulièrement rentable de son secteur ! Ses employés sont plus heureux et motivés qu'ailleurs, ses clients le ressentent, et il n'y a quasiment jamais de conflits. Les pédagogues de Harvard utilisent cet exemple pour inciter les futurs patrons à reconsidérer leurs rapports aux syndicats, allant jusqu'à fournir, dans l'étude de cas de cette industrie, un tableau[1] qui suggère que plus une entreprise est syndicalisée, plus elle est performante. Chaque fois que je présente ce tableau en classe, je dois insister sur le fait qu'il ne s'agit pas d'un document en provenance de la CGT, mais bien de HBS !

Que doit-on retenir de ce « cas d'école » ? Il faut comprendre que, même dans un contexte de syndicalisation forte et antagoniste, il est possible pour un entrepreneur de démarrer sur des bases saines et de mettre en place avec ses employés une relation « à l'allemande ».

Une culture de la concertation qui s'impose *d'abord* aux patrons est l'une des pistes sérieuses pour ceux qui cherchent à comprendre pourquoi l'économie allemande est parfois plus agile. Les entreprises allemandes ont la chance de bénéficier dès leur création d'une concertation, d'une socialisation, d'un échange d'informations entre patronat et syndicat. Peut-être est-il alors plus difficile pour le patron de masquer son jeu auprès des syndicats.

Cependant, cela va être un avantage le jour où de réelles difficultés justifieront des sacrifices de la part du personnel. La confiance et l'information ayant été partagées depuis longtemps, la chance de trouver un accord, d'ajuster au mieux, y est bien plus élevée qu'en France. Cet avantage du patron allemand se fonde sur un choix

1. Comme dans le cas : Gittell et O'Reilly, « JetBlue Airways : Starting from Scratch ». Le tableau est visible dans des publications de recherche, par exemple *in* Belobaba, Odoni et Barnhart (2009), *The Global Airline Industry*, Wiley, 311, 2001.

dès la création de l'entreprise, car c'est bien à ce moment-là, quand tout est rose, que l'on peut mettre en place une relation de confiance.

À l'inverse, le dirigeant d'entreprise français attend généralement de connaître une grosse baisse de chiffre d'affaires, qui aura malheureusement lieu quand il aura déjà plusieurs centaines d'employés et qu'il aura tout fait pour éviter de se concerter réellement avec son comité d'entreprise. Quand ce passage à vide a lieu, les syndicats sont non représentatifs, inutiles et non informés, conformément à ce que le patron voulait. Combiné à un droit du travail strict, cela va empêcher le patron de négocier correctement une décroissance ; le dérapage a démarré et il y a peu de chances que l'entreprise s'en sorte...

Paradoxalement, la situation allemande qui force à une représentation effective est bien plus contraignante que celle dont se plaignent certains patrons français. Il y a donc matière à réflexion.

Pour l'entrepreneur français, la conclusion est simple : en moyenne, les relations dans le monde du travail sont peut-être délicates et le droit du travail ne facilite certainement pas leur tâche, mais la démonstration est faite régulièrement que cela n'empêche pas d'entreprendre, et surtout que l'on peut surmonter ces inconvénients. Le chef d'entreprise a la possibilité de façonner la culture du petit groupe social dont il a la responsabilité. Et pour l'entrepreneur, il ne sera peut-être pas exagéré de dire qu'on a les syndicats qu'on mérite.

15

Le coût du travail, trop élevé ou reflet d'une richesse ?

Oui, les charges et autres semaines de 35 heures sont des facteurs qui peuvent compliquer la vie de certains entrepreneurs français. Oui, sur le papier, tous les entrepreneurs aimeraient bénéficier de toutes les ressources au coût le plus bas. Or le coût du travail français, en prenant en compte les charges et la durée du travail, n'est certainement pas le plus bas.

Les charges et les 35 heures font d'ailleurs partie des premiers griefs qui fusent lorsque l'on évoque les obstacles à l'entrepreneuriat en France. Nous ne pouvions éviter d'aborder ces questions frontalement.

Petit rappel sur l'avantage compétitif des nations

Le coût du travail fait l'objet d'une inquiétude régulière dans toutes les économies évoluées. Le débat porte parfois sur la question du salaire minimum, comme aux États-Unis ou en Allemagne. En France, à l'époque actuelle, les interrogations portent plus sur les charges salariales ou les 35 heures.

On ne peut pas nier que le coût du travail soit plus élevé en France que dans d'autres pays. Un certain nombre de nations ont des modèles socio-économiques très différents du nôtre, et donc des coûts du travail plus bas, comme par exemple la Roumanie, le Pakistan ou le Vietnam. Ces pays sont de bonnes destinations pour qui a besoin de produire à bas prix.

Mais lorsqu'il s'agit de comparer le coût du travail avec celui d'un pays équivalent, tel que l'Allemagne, la discussion porte soudain sur des écarts d'ordre de grandeur bien moindres, certainement négligeables par rapport à d'autres sources de compétitivité telles que la réputation d'une marque.

Pour ceux qui restent tétanisés par le niveau de nos taux horaires, il convient de rappeler la théorie des *avantages comparatifs des nations* de l'économiste Ricardo. Une nation doit se spécialiser dans les activités dans lesquelles elle produit, par rapport à d'autres pays, à un coût plus bas que dans d'autres activités.

En ce qui concerne l'entrepreneur d'une économie donnée, par exemple la France, il doit absolument comprendre quel est l'avantage comparatif dont il peut bénéficier. Dans le monde décrit à l'époque par David Ricardo, un Anglais qui ne se serait pas lancé dans l'entrepreneuriat en s'arrêtant au fait que les coûts de production dans son pays étaient systématiquement plus élevés aurait commis une erreur individuelle à grande portée collective. En effet, il était collectivement efficace que la nation anglaise se spécialise dans la production de tissu et l'exporte, et que les Portugais se concentrent sur le vin. Le fait que les coûts de production anglais aient été plus élevés qu'au Portugal dans les deux branches ne changeait rien à l'affaire.

Il convient d'ajouter qu'un coût du travail plus élevé n'implique pas que le coût des produits le soit, une fois incorporés les autres facteurs de coût. Ainsi, un coût du travail relativement élevé additionné à une marque quasi gratuite et un savoir-faire patrimonial donnent… des produits compétitifs dans l'absolu, grâce à ces facteurs de production cachés. Quand Universal choisit la France pour produire ses films d'animation, c'est certes parce que le travail y coûte moins cher qu'à Hollywood. Mais elle fait ce choix alors que le travail coûte encore moins cher en Roumanie ou au Vietnam ! C'est à l'entrepreneur de bien comprendre la subtilité de cette équation.

L'entrepreneuriat n'est pas un Monopoly où la case « coût du travail trop élevé » est une malédiction intolérable, illégitime et incontournable.

Le coût plus bas, cet obscur objet du désir entrepreneurial

Rapprochons-nous du terrain pour nous demander comment cette question va concrètement se poser lorsque l'on aborde un processus entrepreneurial. Considérons les centaines de business plans que mes élèves m'ont présentés en classe, au fil des années. Cela constitue un échantillon représentatif d'idées entrepreneuriales d'opportunité, assez large pour commencer à voir émerger des motifs répétitifs.

Dans ce flux de business plans, les *coûts* humains ne jouent qu'assez rarement un rôle stratégique. Et la différence qu'il pourrait y avoir avec un pays similaire (Allemagne ou Royaume-Uni) n'est même jamais apparue. Pourquoi cette question surgit-elle dans le débat public si elle joue un rôle limité dans ces situations concrètes ? Car, dans le débat public, il est question de grandes entreprises qui vont mettre en concurrence des lieux de production (par exemple entre la France et l'Allemagne), à la recherche de quelques pourcent de gains en coûts variables. Par contre, une telle logique marginaliste n'est absolument pas fondée pour une nouvelle entreprise.

Il arrive quand même que le modèle économique ne tienne pas debout à cause de la structure de coûts locale, en particulier en raison du coût du travail. De manière intéressante, ce type de projets reflète plus souvent l'immaturité du groupe d'étudiants qui a aveuglément parié sur un prix de vente attractif pour se différencier... pour découvrir tardivement que les coûts du travail sont effectivement trop élevés.

Pour combattre cette naïveté, les pédagogues de l'entrepreneuriat font appel à la logique de l'effectuation, la mentalité des entrepreneurs experts évoquée au début de cet ouvrage. Le premier principe dit qu'un entrepreneur « part de ce qu'il a en main ».

La manière la plus simple de suivre ce principe est de partir de ressources comparativement peu chères et d'essayer de construire une activité autour. Alternativement, on peut aussi partir d'une idée en essayant d'utiliser un puits de ressources quasi gratuites. L'exemple le plus frappant de cette double approche est le succès de l'une des récentes milliardaires chinoises, Zhang Yin. Elle avait démarré un business de recyclage de papier en Chine, pays grand consommateur de ce matériau à cause du fort volume d'emballage dans les usines. Cette activité se développait sans perspective extraordinaire.

Un jour, elle s'est rendu compte que les États-Unis produisent beaucoup de papier à recycler, très peu cher ou même générateur de revenus car, dans certaines conditions, les sociétés industrialisées sont parfois prêtes à payer pour gérer leurs ordures. De plus, le recyclage aux États-Unis est plus coûteux qu'en Chine du fait du différentiel de coût salarial. Enfin, elle a remarqué que les conteneurs chinois arrivent pleins aux États-Unis et repartent relativement vides, compte tenu du déséquilibre commercial entre ces deux pays.

Forte de ces observations, elle a alors démarré un business où elle collecte le papier à recycler aux États-Unis, puis l'expédie à faible coût par conteneurs en Chine, où il est recyclé à bas prix et revendu à bon prix. Elle est ainsi devenue milliardaire en quinze ans. Dans cet exemple, on assiste à la construction d'un business autour de ressources quasi gratuites (ici le papier usagé américain et les conteneurs vides), et on observe également un business existant qui modifie sa source d'approvisionnement pour tirer parti de coûts bas.

Ainsi, nos entrepreneurs pour qui l'eau, l'énergie ou le travail sont véritablement cruciaux devraient réfléchir à leur localisation, par exemple installer un data center gourmand en énergie dans une région de production d'électricité éolienne ou hydraulique. Pour le travail, ils peuvent viser un endroit où la main-d'œuvre à faible valeur ajoutée serait très peu chère, par exemple une économie émergente. Pour les travaux à forte valeur ajoutée, ils peuvent choisir un endroit où les ingénieurs seraient bon marché, par exemple dans un écosystème comme la France.

De manière encore plus originale, ils peuvent même imaginer faire travailler gratuitement la foule, ce qu'on appelle le *crowdsourcing*, une « production par la foule ». L'exemple le plus frappant est reCAPTCHA, qui fait faire de la reconnaissance de caractères à des millions de personnes sous prétexte de procédure d'authentification lorsqu'on crée un identifiant sur un site en ligne. Arrivé à ce stade, on atteint le génie entrepreneurial.

Le vrai combat de l'entrepreneur : la chasse à la ressource

Mes élèves touchent déjà du doigt l'esprit entrepreneurial s'ils ressortent de cet exercice en comprenant que le coût élevé des ressources est une chose assez courante et que tout est affaire d'avantages comparatifs, de « faire avec ce que l'on a » ou d'« aller chercher ce dont on a besoin là où ce n'est pas cher ».

On l'a déjà exprimé en amont de cet ouvrage, l'entrepreneuriat ne consiste pas à partir d'une idée en supposant que l'on *devrait* pouvoir assembler les facteurs de production, à l'image d'une boîte de Lego moderne sur laquelle l'objet est représenté et à l'intérieur de laquelle tous les éléments sont gentiment fournis. Non, l'entrepreneuriat est un « bricolage de combat » !

Le coût du travail : un ingrédient à équilibrer par un autre

Par ailleurs, il convient de mentionner explicitement que le coût du travail combine le taux horaire par le temps de travail ; nous devons donc à un moment évoquer les fameuses 35 heures. C'est un sujet difficile à discuter car... cela ne m'inspire rien. J'ai mis en place les 35 heures dans mon équipe, en plein milieu de la bulle Internet. Je n'ai pas souvenir que cela ait posé une difficulté, ni à moi-même ni à aucun des entrepreneurs avec lesquels j'interagissais à l'époque. Je n'ai jamais non plus croisé de projet d'opportunité où les 35 heures jouaient un rôle crucial et où leur abolition aurait rendu l'entreprise significativement plus viable. Sur le terrain de l'entrepreneuriat d'opportunité, ce sujet n'est pas un problème concret.

Pour revenir aux coûts salariaux français, la liste des produits que nous pouvons produire comparativement moins cher ou pour lesquels nous avons un avantage comparatif est longue et surtout variée : l'alimentaire, les services intellectuels (par exemple SSII), les grands systèmes technologiques (par exemple Airbus, TGV), etc.

Pour certains autres produits, nous pouvons réduire la part du coût du travail par rapport aux autres facteurs pour lesquels l'écosystème national a un avantage comparatif. Considérons par exemple les chaussures ou les robots. Ce sont deux types de produits que l'on pourrait penser impropres à l'entrepreneuriat français, les taux horaires des travailleurs au Maroc (pour les chaussures) ou en Allemagne et à Taiwan (pour les robots) étant *a priori* plus avantageux. Quel dommage de s'arrêter à cette idée simpliste ! Dans le cas de la chaussure, les cas de France Mode, Cléon ou Corthay montrent qu'on peut se focaliser sur le luxe ou sur des marchés de niche. Dans le secteur des robots, à l'instar de Parrot, on peut envisager de sous-traiter la fabrication là où elle est peu chère (en Chine), mais de conserver la conception et le développement en France. Une fois de plus, dans l'équation finale, l'entrepreneur avisé a su compenser un facteur faible (assemblage industriel) par des facteurs forts (créativité, technicité).

Ainsi, le coût du travail est rarement limitant, et entre plutôt dans la catégorie des facteurs d'hygiène. Bien entendu, dans les cas où il est limitant, la production doit se faire ailleurs...

Si vraiment vous voulez produire des chaussures à des coûts pakistanais... le Pakistan est probablement la localisation la plus adaptée !

Par ailleurs, on doit souligner qu'en France le coût du travail des catégories à forte valeur ajoutée est relativement compétitif comparé à d'autres écosystèmes. C'est le cas de nos ingénieurs par rapport à ceux de la Silicon Valley et de nos créatifs par rapport à ceux de New York ou de Los Angeles. Ainsi, nos startups qui basculent leurs activités aux États-Unis maintiennent généralement leur équipe d'ingénieurs en France. De même, certains étrangers choisissent la France pour installer leurs activités d'ingénierie, l'exemple le plus récent étant Facebook installant son laboratoire d'intelligence artificielle à Paris.

Il ne s'agit pas ici de trancher le débat politique et économique sur les charges sociales, le temps de travail ni même les fameuses 35 heures. Notre propos est de souligner que ces facteurs ne peuvent pas être vus comme des obstacles majeurs à l'entrepreneuriat d'opportunité en France.

16

L'impôt, un malheur à souhaiter à tous ?

Oui, l'impôt et l'administration fiscale française sont perçus comme punitifs par de nombreux entrepreneurs. Oui, certains mécanismes d'imposition vont contre le bon sens, en particulier lorsque l'on taxe des bénéfices non réalisés et non liquides.

La fiscalité, en particulier l'imposition des plus-values, fait partie des motifs de réticence les plus courants vis-à-vis de l'écosystème français. D'ailleurs, l'une des actions collectives récentes les plus visibles dans la sphère de l'entrepreneuriat, le mouvement dit « des Pigeons », lancé fin 2012, s'est cristallisée autour de ces questions fiscales. Que cette fiscalité soit anormalement lourde et qu'elle puisse être un vrai obstacle à l'entrepreneuriat est devenu un lieu commun. Mais qu'en est-il vraiment ?

Il serait bon de pouvoir présenter l'affaire en termes simples. Malheureusement, rien n'est simple en la matière. Il conviendrait de distinguer les différents types de prélèvements (impôt, social, sur le revenu), la temporalité (annuellement ou sur un période prédéfinie par exemple de huit ans), s'ils s'appliquent seulement à l'entrepreneur ou aux investisseurs en général (le premier étant souvent assez privilégié par rapport aux derniers), les abattements (qui effacent parfois presque toute la base imposable), la possibilité d'y échapper par différentes méthodes d'optimisation fiscale (dont le réinvestissement), la territorialité (l'imposition dépend de la résidence de l'entreprise et de l'individu), la possibilité de négocier en direct avec l'administration, etc.

La question étant particulièrement sensible politiquement, ces régimes bougent pratiquement à chaque mandature. Par exemple, le mouvement des Pigeons a déclenché une réforme importante en 2013. Tout ce que nous pourrions analyser ici serait dépassé dans trois ans, sauf la critique contre l'impôt qui risque de perdurer.

Enfin, à quel écosystème faudrait-il se comparer ? Celui des États-Unis ? Du Royaume-Uni ? D'Israël ? De Monaco ? Prenons des exemples concrets pour illustrer cette complexité. La Belgique fait rêver nos entrepreneurs, mais le taux de taxation sur le travail et sur les sociétés y est très élevé : la Belgique est un paradis fiscal mais seulement pour rentiers. Dans le même esprit, la Suisse est un paradis fiscal... pour les étrangers qui viennent y vivre. À tel point que des votations sont régulièrement organisées car les Suisses commencent à voir d'un mauvais œil le régime favorable réservé aux étrangers et auquel ils n'ont pas droit. Il est difficile donc d'aboutir à une conclusion univoque et sans ambiguïté.

Néanmoins, sans entrer dans le détail, relevons quelques éléments qui indiquent que la fiscalité de l'entrepreneuriat n'est pas si défavorable que cela en France.

Une fiscalité pas si défavorable ?

Commençons par considérer la situation d'un Français qui aurait fait de bonnes études, serait parti étudier aux États-Unis, s'y serait installé, aurait monté une entreprise et obtenu sa carte verte. Son entreprise étant florissante, il aurait fait une belle « sortie » (le terme usuel quand on réussit à revendre ou introduire son entreprise en Bourse et que l'on n'a plus d'obligation d'y travailler) qui l'aurait mis à l'abri du besoin pour bien longtemps.

De passage à Paris, ses amis l'interrogent sur la possibilité de devenir américain. Quelle est sa réponse, en supposant qu'il soit bien conseillé fiscalement et qu'il soit honnête ? « Pas question, le régime fiscal américain est trop punitif, je préfère rester français ! »

Oui, vous avez bien lu, de la même manière que je l'ai bien entendu de plusieurs personnes... qui malheureusement ne se précipitent pas pour être citées. En supposant que vous fassiez fortune en Amérique, votre fiscaliste vous conseillera fortement de rester français, car la France est beaucoup plus souple sur la défiscalisation de ses citoyens que les États-Unis.

Quelle est l'astuce ? Les États-Unis ne tolèrent pas, contrairement à nombre d'autres pays, dont la France, que l'un de leurs ressortissants puisse échapper entièrement à l'impôt… par un simple déménagement de complaisance.

Cette contrainte est tellement importante et sérieuse qu'elle est à l'origine de la demande de perte de nationalité d'Eduardo Saverin, le cofondateur de Facebook. Il a choisi l'exil fiscal à Singapour pour pouvoir échapper à un vrai méchant… le fisc américain. Maintenant que Saverin est rentier, les revenus de son capital vont constituer ses ressources principales, or ils sont taxés à environ 40 % aux États-Unis, y compris lorsque l'on vit à l'étranger. Pour échapper à la ponction prévue par la très libérale nation américaine, il ne lui restait plus qu'à abandonner sa nationalité et surtout à ne plus remettre les pieds aux États-Unis.

Les médias américains n'ont pas interprété la situation en termes de fuite des cerveaux, ou même en essayant de légitimer cet égoïsme. Ce mot peut paraître fort, mais il reflète la manière dont le législateur américain voit cette situation. En fait, un faible écho a été donné au départ de Saverin, hormis le fait que son attitude a semblé assez peu reluisante pour que des sénateurs demandent son interdiction définitive de territoire[1] ! D'ailleurs, Saverin n'est plus jamais rentré sur le territoire américain, probablement de peur d'être poursuivi.

Le terme d'égoïsme serait-il un peu fort ? Que penser du mot *banni*, alors ? Car, pour ce qui est de l'humiliation,

1. Parisse, « *U.S. senators propose "anti-Saverin" tax evasion law* », *Financial Post*-AFP, 22 mai 2012.

l'administration fiscale américaine (et non le ministère de l'Intérieur !) n'est pas en reste : elle publie la liste des personnes ayant renoncé à leur nationalité, une action interprétée par tous comme visant à jeter l'opprobre sur ces petits malins, un palmarès où Saverin a maintenant sa juste place.

Quant à notre entrepreneur français à succès qui vit aux États-Unis, il gardera sa nationalité : s'il ne trouve pas d'astuce pour échapper au gros de l'impôt sur les revenus de sa fortune, il peut toujours vivre à Uccle, en Biélorussie ou à Gstaad, le fisc français n'ayant alors plus de raison de lui demander quoi que ce soit.

De plus, sa situation d'exilé pourrait même faire de lui, dans l'esprit du public, une victime, un pigeon, un pauvre entrepreneur martyrisé, obligé de vivre entre ses résidences secondaires et de tenir une comptabilité pour ne pas dépasser les 183 jours de présence en France.

Si cette question n'était pas si sensible, on aimerait pouvoir continuer à la traiter de manière quasi comique. D'ailleurs, certains des entrepreneurs qui prennent le risque d'essayer de convaincre leurs concitoyens que la France n'est pas une catastrophe choisissent parfois le même registre. Par exemple, Xavier Niel soutient depuis longtemps l'idée de la France comme « paradis fiscal pour les entrepreneurs », ce qui tient autant d'un certain esprit de provocation que d'un engagement à défendre l'écosystème français pour ce qu'il est, un paradis dans lequel l'impôt n'est pas un obstacle à la création d'entreprise.

Cette posture est reprise par ceux qui ont vécu dans un autre écosystème. Par exemple, Jérôme Lecat, le fondateur de Scality, installé à San Francisco, a employé lui aussi, lors d'une interview, l'expression de « paradis fiscal[1] ».

Quelle est la logique de ces praticiens, à quel titre défendent-ils ce qui pourrait paraître indéfendable ? On a déjà vu que le régime français permettait à qui était prêt à partir à l'étranger de bénéficier d'une complète défiscalisation. L'essence des autres arguments régulièrement utilisés est que, si la loi fiscale est compliquée, elle permet finalement d'obtenir des taux d'imposition sur la revente de son entreprise très bas, surtout si l'on s'y prend en amont. Des taux en dessous de 20 % sont régulièrement cités, ce qui place alors l'entrepreneur français dans une situation comparativement favorable.

De toute façon, l'impôt ne doit pas être une préoccupation

Le poids de l'impôt en France n'est donc pas si exceptionnel que cela. Cela ne veut pas dire qu'il soit irrationnel de pratiquer un peu d'optimisation fiscale. Mais, pour un entrepreneur, la fiscalité n'est pas le problème principal. La raison en est la suivante. Imaginons un entrepreneur d'opportunité porteur d'un projet. Est-il

1. Dussueil, « Jérôme Lecat (Scality) : "Je paye beaucoup plus d'impôts depuis que je suis installé aux États-Unis" », FrenchWeb.fr, 25 juin 2015, http://www.frenchweb.fr/jerome-lecat-scality-je-paye-beaucoup-plus-dimpots-depuis-que-je-suis-installe-aux-etats-unis/200058

raisonnable pour lui de décider de le mettre en œuvre ou non en fonction de la fiscalité sur les plus-values ? La réponse est clairement non, tant est disproportionné l'ordre de grandeur des quelques pourcent d'impôt à subir par rapport à l'incertitude qui pèse sur les chances de réussite du projet.

Il est très préoccupant qu'une personne soit découragée à l'idée que le profit hypothétique de son entreprise, dans un futur indéfini, puisse être diminué de quelques pourcent, peut-être 10, 15 ou 20 %. En effet, l'entrepreneuriat est une longue course où l'individu doit faire preuve de patience, d'entregent, de résistance et de passion. Marc Zuckerberg a-t-il monté Facebook et créé une des plus belles entreprises au monde en s'inquiétant de savoir s'il serait imposé de 20 % de plus ou de moins ? À ceux qui ne connaissent pas la réponse, on ne saurait trop conseiller de voir le film *The Social Network*, qui retrace cette aventure. Personne ne se préoccupe jamais de fiscalité, même pas Saverin, qui choisira finalement l'exil pour échapper à l'impôt, une fois devenu rentier. Au stade du lancement de projet, cela n'aurait eu aucun sens.

Cela m'amène donc au fond de l'argument : en supposant que la France ne soit pas l'écosystème le plus favorable, en supposant que son système d'imposition soit douloureux, il n'est néanmoins pas crédible que nous perdions de bons entrepreneurs à cause de la fiscalité. Si certains envisagent de renoncer à leur projet à cause de cette peur de l'impôt, c'est qu'ils ne sont pas faits de « la bonne étoffe ». Avec une peur pareille, aucun investisseur ne les prendrait au sérieux lors d'un rendez-vous ou d'une présentation de leur projet.

L'impôt, une douleur toute subjective

Existe-t-il malgré tout un seuil dissuasif et intolérable d'imposition ? Avons-nous dépassé ce seuil ? À ce propos, quel était le taux marginal d'imposition sur le revenu aux États-Unis avant Ronald Reagan ? Eh bien, le taux marginal le plus élevé d'imposition sur le revenu aux États-Unis était de... 90 % jusque dans les années 1960, puis 70 % jusque dans les années 1980[1]. En France, l'impôt (IS, revenu, etc.) n'atteint pas de tels niveaux, même à la marge.

Maintenant, souvenez-vous des films américains des années 1950, 1960 et 1970 : y avez-vous jamais entendu le moindre personnage faire une quelconque allusion à un impôt punitif, ou même à l'impôt en général ? La réponse est non, et la raison en est simple : il s'avère que la fiscalité n'était pas encore devenue, à l'époque, une question « cruciale ».

En psychologie, quand la réponse à un stimulus est conditionnée par la manière dont il est amené, on appelle cela un effet d'amorçage. Pour exemple, il est montré que le même stimulus suscite une réponse différente

1. Mulbrandon, « Top marginal tax rates », Visualizing Economics, 24 janvier 2012, http://visualizingeconomics.com/blog/2012/01/24/comparing-tax-rates

selon qu'il est formulé de manière positive ou négative, un paradoxe bien connu de l'économie comportementale contemporaine[1]. Par exemple, une personne pourra réagir de manière différente selon que l'impôt lui est présenté comme « on va *te* prendre *ton* argent pour... » ou comme « un environnement *partagé par tous* va être *construit grâce* à... ». Malheureusement, en France, les deux pôles de l'échiquier politique conspirent à présenter l'impôt de manière punitive : la droite car elle le dénonce, et la gauche parce qu'elle est parfois tentée de laisser entendre que l'impôt est effectivement là pour punir le riche.

Au contraire, dans la culture américaine, jusqu'à Reagan, les forts taux d'imposition (jusqu'à 90 %) n'étaient pas interprétés comme une spoliation, mais comme une contribution, et ils ne figuraient donc pas au premier rang des préoccupations des citoyens. Il en est de même dans les pays nordiques aux forts taux d'imposition.

Ce concept d'amorçage et l'exemple de la fiscalité américaine suggèrent que les individus réagissent à un paramètre ou à un autre, non pas dans l'absolu, mais bien par rapport à une perception collective. Il n'y a pas de fondement scientifique à l'idée que les individus ne peuvent pas être motivés pour travailler si on les taxe à 30, 50, 70 ou même 90 %. En revanche, l'époque Reagan aux États-Unis et le débat sur l'imposition en France démontrent que si assez de gens le répètent suffisamment, un certain niveau de taxation peut paraître insupportable.

1. Kahneman et Tversky, « Choices, values, and frames », *American Psychologist*, 39, avril 1984.

Ainsi, la France souffre probablement d'un problème de fiscalité et, plus précisément, de tolérance à l'impôt. Cela est d'autant plus regrettable qu'il n'y a pas grand-chose d'objectif à cette allergie.

Réformer l'impôt tout de même ?

Sans être un obstacle à l'entrepreneuriat d'opportunité, le système fiscal français est parfois lourd et pourrait donc être amélioré par des ajustements. Par exemple, les mécanismes d'imposition de la possession de parts dans une entreprise doivent être adaptés pour s'assurer qu'un entrepreneur ne se retrouve pas à devoir de l'argent alors qu'il n'est encore que propriétaire d'un bout de papier sans valeur liquide. Ainsi, l'ISF s'applique à la possession de parts dans son entreprise, certes avec des possibilités d'exonération, mais toujours assez restrictives.

La situation a déjà bien évolué et de multiples groupes de pression ont un agenda complet en la matière. Dans ces inventaires, on trouvera des mesures évitant de pénaliser l'entrepreneur durant la construction de l'entreprise, ce qui paraît pour le moins légitime. D'autres mesures visent plutôt à alléger la charge de l'impôt à la sortie.

Finalement, il faut se demander : pourquoi tant d'impôt ? La réponse générale à cette question est d'ordre macroéconomique et politique, et donc hors du champ de cet ouvrage. Néanmoins, du point de vue de l'entrepreneuriat d'opportunité, on doit noter que le secteur public fort joue un rôle positif. Au-delà de cet effet déjà évoqué ci-dessus, il faut souligner la temporalité particulière de l'impôt et de ses bénéfices.

Par exemple, les dépenses militaires sont un levier fondamental à l'entrepreneuriat technologique, ici ou ailleurs, mais à un horizon de temps de plusieurs décennies. Les Américains ont profité des bénéfices de la Silicon Valley après y avoir déversé de l'argent public pendant cinquante ans. L'écosystème israélien est devenu une « Start-up Nation » grâce à l'accumulation de cinquante ans de budgets militaires conséquents.

La France bénéficie également d'un flot d'investissements remontant à plus d'un demi-siècle. Couper l'impôt aurait certes un bénéfice immédiat, en moins de douze mois. Toutefois, cela n'équivaut-il pas en écologie à couper les grands arbres de la forêt équatoriale et à profiter du terreau pour planter du soja ? En se précipitant sur ces gains mesurables dans l'année ou tout du moins durant la mandature d'un élu, est-on sûr qu'à un horizon de dix, vingt ou cinquante ans nos entrepreneurs auront toujours un écosystème robuste et diversifié ? La question mérite d'être posée.

Cela justifie-t-il de soutenir sans hésitation l'accroissement continu des impôts ? Peut-être pas quand même. Mais souvenons-nous que la majorité des industries d'opportunité de l'écosystème français – les médias, la santé, l'énergie, la high-tech, etc. – bénéficie positivement des retombées de notre politique fiscale agressive. Ces entrepreneurs d'opportunité devraient s'en réjouir... jusqu'à ce qu'ils deviennent rentiers, c'est-à-dire jusqu'à ce qu'ils vivent de leur capital, un changement de situation dont nous débattrons un peu plus loin.

17

Mais on manque d'argent, non ?

Il y a bien des compartiments de la chaîne de financement où « c'est mieux ailleurs ». Oui, il y a plus d'argent à Londres qu'à Paris pour les grosses levées de fonds, et oui, les meilleures startups high-tech doivent à un moment aller chercher de l'argent dans la Silicon Valley. De même, les grosses PME allemandes ont peut-être plus facilement accès à des capitaux de croissance.

Mais nous avons déjà abordé la question du financement plus haut, expliquant que l'argent est une ressource moins fondamentale qu'il n'y paraît. Si l'on a compris que l'argent est un facteur d'hygiène (pas très important) et une commodité (il y en a beaucoup), il reste quand même à répondre à une question lancinante : la France est-elle – ou non – un environnement défavorable en termes de financement ?

Mobilité comparée des cerveaux et de l'argent

Avant de répondre à cette question, considérons un point de méthode. L'un des objectifs de cet ouvrage est de combattre l'idée que nos entrepreneurs seraient bien avisés de quitter la France. L'une des raisons invoquées est la plus grande facilité à lever de l'argent ailleurs. Maintenant, interrogeons-nous : si l'on considère le capital et l'entrepreneur, lequel paraît le plus *mobile* ? Lequel est le plus *indifférencié* ? Lequel a la plus grande capacité à se *déplacer* là où l'opportunité se trouve ? Évidemment, le capital !

Ainsi, si une équipe de programmeurs issus de l'une de nos écoles d'ingénieurs a une bonne idée, ne semble-t-il pas plus logique pour un investisseur de les laisser travailler dans leur environnement, quitte à leur envoyer l'argent, plutôt que l'inverse ?

Il y a évidemment une limite à cet arbitrage : les gestionnaires de fonds n'aiment pas investir « loin » de chez eux, ils ont besoin de rencontrer, « sentir » et rester en contact avec l'entrepreneur. Même aux États-Unis, il est moins facile pour un investisseur de la Silicon Valley d'investir dans une équipe basée au Texas que dans une autre présente sous ses yeux, à Palo Alto.

Toutefois, les marchés sont relativement efficaces et les capitaux se sont répandus sur la surface du globe, se retrouvant en gestion dans des équipes locales qui peuvent capturer les opportunités là où elles se trouvent. Paris est une place qui reçoit ce type de fonds, qui héberge ce type d'équipes. La question en suspens est celle du volume disponible dans chaque marché local, pour chaque opportunité type.

La faiblesse d'investissement est parfois justifiée

Reprenons le cas d'une équipe d'ingénieurs montant une jeune pousse dans le domaine du logiciel à Paris. Parce qu'elle n'est pas à San Francisco, les investisseurs, qu'ils soient français, américains ou hongkongais, ne lui imagineront pas *a priori* le même potentiel d'opportunité. Supposons que ces ingénieurs aient un projet de site Internet basé à Paris, et s'adressant d'abord à un marché français ou francophone. Le marché atteignable (la France) est donc initialement plus petit et moins réactif que le marché américain, car, pour les services Internet grand public, le marché nord-américain est plus sophistiqué et plus important. Comment les investisseurs réagissent-ils face à cette situation ? Très logiquement, ils ajustent leur stratégie, n'investissant dans un projet « français » que si ce dernier exploite un facteur rare, une équipe très pointue par exemple. De plus, l'économie américaine est unifiée en lois et en langues, sur une population cinq fois plus nombreuse que celle de la France. Investir plus gros est donc logique.

Il y a implicitement l'idée qu'une entreprise américaine est déjà un peu mondiale, alors qu'une entreprise française est... française. Cela implique que l'investisseur a tendance à faire un pari « mondial » sur l'entreprise dans la Silicon Valley, et qu'il a moins de chances de le faire sur une entreprise française, allemande ou chilienne.

Par conséquent, il y a effectivement plus de capital-risque dans la Silicon Valley, même en tenant compte des différences de taille des marchés respectifs. Doit-on inscrire cela au débit de la France ? Non, il s'agit simplement d'une conséquence des *effets de club* évoqués au chapitre 4. Clairement, la Silicon Valley et l'économie américaine sont dans cette situation privilégiée de quasi-monopole pour le lancement de ces services Internet grand public pour l'industrie high-tech.

Cette prééminence est artificiellement renforcée par le fait que « monter un service Internet » est malheureusement devenu quasi synonyme d'entrepreunariat. Par exemple, chez les étudiants, Internet s'impose comme le point d'entrée principal à la création d'entreprise. Ainsi, de Santiago du Chili à Bombay en passant par Saclay, toute la planète aimerait avoir une Silicon Valley, mais il n'y en a qu'une seule. Même Israël et Berlin subissent cette relative injustice. La France n'est pas particulièrement pénalisée ; elle n'a juste pas la chance d'être cet éléphant-là. Toutefois, nous sommes quand même une des plus belles antilopes de la savane high-tech.

Revenons maintenant à la question de la disponibilité de fonds en France. La situation est complexe car, selon l'industrie et la phase de développement d'une entreprise, il peut exister d'importantes variations.

Une profusion d'aides à l'amorçage

Le système français est particulièrement favorable au financement d'amorçage. Tout d'abord, il existe une extraordinaire variété de systèmes d'aides à tous les niveaux, de la commune jusqu'à l'Europe, en passant par les régions et l'État. Les plus visibles et fonctionnelles sont les aides à la recherche et les fonds gérés par la BPI (Banque Publique d'Investissement).

Concernant les aides à la recherche, plusieurs remarques s'imposent. Tout d'abord, elles sont exceptionnellement généreuses, car rares sont les pays permettant de se faire financer de manière régulière jusqu'à 50 % de sa R&D (Israël a une politique relativement similaire dans son esprit... pour les projets high-tech). Ensuite, les sources de ces types de financement sont multiples (crédit impôt recherche, crédit impôt financement, jeune entreprise innovante, etc.). Rien que la liste énumérative de ces dispositifs peut prendre plusieurs pages sur l'excellent site de l'Association pour la création d'entreprise (APCE), et ce seulement pour les aides à l'innovation[1] (après quoi il faudrait considérer les aides financières, sociales, fiscales, spécifiques par région, les aides européennes, etc.). Enfin, l'obtention de ces aides à la R & D est souvent complexe et longue, et ces dispositifs changent régulièrement, donc leur maîtrise n'est pas aisée (ce dont je peux témoigner pour avoir bénéficié pour ma startup d'une aide de l'ex-ANVAR, aujourd'hui OSEO/BPI).

À l'extrême, on se demande parfois si l'entrepreneur n'aurait pas intérêt à passer moins de temps à chasser les aides et plus de temps à prototyper et interagir avec ses clients (d'où l'accent mis ici sur l'approche Lean).

---

1. http://www.apce.com/pid823/les-aides-a-l-innovation.html?espace=1&

Les dispositifs d'aide à la R&D sont donc typiques de l'écosystème français : exceptionnellement généreux, mais souvent compliqués et potentiellement frustrants pour l'entrepreneur. Voilà comment on ouvre la porte à la subjectivité sur l'entrepreneuriat français, car a-t-on affaire ici aux meilleures conditions au monde… ou à une légitime source de complainte de plus ?

D'autres sources de financement relativement spécifiques à l'écosystème français proviennent de grands groupes – tels que Orange, Société Générale, La Poste –, mais qui ont aussi une réputation ambiguë : tout en offrant l'accès à des clients potentiels, la relation avec ces grands groupes implique parfois des lourdeurs et des complexités néfastes pour l'entrepreneur.

Certains entrepreneurs, dans la high-tech en particulier, doivent également considérer le fait que certains fonds d'origine étatique peuvent créer des problèmes ultérieurement, si l'entreprise venait à être déclarée stratégique. L'exemple de Dailymotion, empêchée par l'État de se vendre à Yahoo, reste malheureusement un souvenir amer pour les entrepreneurs du secteur.

Au-delà des financements en numéraire, il faut prendre en compte les financements alternatifs, par exemple la présence de l'un des tissus d'incubateurs les plus riches au monde. Néanmoins, le financement alternatif le plus remarquable est l'*assurance chômage.* Dans combien de pays au monde peut-on se faire financer environ deux ans d'aventure entrepreneuriale en étant payé entre 50 % et 100 % de son ancien salaire? Quasiment aucun. Notons une fois de plus que ce type d'avantage s'applique proportionnellement plus à l'entrepreneuriat d'opportunité, qui est plus souvent initié par des cadres expérimentés, donc ayant un salaire antérieur élevé.

Une autre ressource importante à prendre en compte est l'existence d'un système de couverture médicale quasiment gratuit, qui n'est pas une assistance explicite, mais plutôt l'absence d'un coût qu'il faudrait financer dans un autre système. Dans le système américain, par exemple, cette couverture minimale est estimée par la Kaiser Family Foundation à 5 884 dollars pour un individu et 16 351 dollars pour une famille[1], une couverture qui ne couvrira pas la totalité des frais en cas de problème médical.

Dans le système français, la protection sociale couvrant le médical et même la retraite est comprise dans les prestations chômage, et se prolonge même pendant une certaine période après la fin du chômage. En ce qui concerne la couverture maladie, il est pratiquement impossible de ne pas en bénéficier pour tout citoyen français, les hôpitaux, la CMU et d'autres mécanismes fournissant le service gratuit à qui n'aurait pas les moyens de payer.

1. La fondation KFF fournit des études non partisanes de référence dans le domaine de la santé aux États-Unis : « Employer Health Benefits Survey », Kaiser Family Foundation, 2013, http://kff.org/report-section/2013-summary-of-findings/

Ainsi, le système d'aides disponibles en France se caractérise par une grande richesse. La difficulté ne vient pas de la disponibilité des fonds, mais plutôt du choix à opérer entre les différentes aides accessibles à l'entrepreneur. À un autre niveau, il existe aussi divers fonds européens, potentiellement généreux mais qui impliquent souvent une paperasserie rebutante et des délais parfois prohibitifs – se comptant parfois en années.

Business angels et fonds de capital-risque très présents

En vingt ans, l'écosystème français a bien progressé en financement de l'entrepreneuriat. Il est passé d'une situation où le capital-risque était confidentiel à la profusion actuelle d'investisseurs de divers types se battant pour trouver des dossiers. La notion de compétition dans ce domaine n'est pas exagérée, car les capital-risqueurs classiques sont concurrencés de toutes parts.

Ils sont tout d'abord concurrencés par une offre d'amorçage importante, les *business angels* (« anges » – des individus qui financent directement des PME) fournissant des sommes de plus en plus élevées. Souvent eux-mêmes d'anciens entrepreneurs et même parfois encore actifs, ces « anges » réalimentent l'écosystème dans un cercle vertueux de succès.

L'effet de ces business angels s'est manifesté de manière particulièrement visible dans les nouvelles technologies de l'information. Le secteur a vu l'émergence d'une génération d'investisseurs qui ont fait fortune dans le secteur : Xavier Niel, Marc Simoncini, Pierre Kosciusko-Morizet, etc. – la liste est longue. Ils ne font pas que fournir des liquidités. Aux jeunes pousses dans lesquelles ils investissent, ils apportent leur expérience, leur légitimité, leurs réseaux et leurs débouchés.

D'ailleurs, cette génération a atteint un point de maturité tel que nombre de ces entrepreneurs à succès ont monté leur propre structure d'investissement, dont on peut remarquer qu'elles sont remarquablement professionnelles et ne sont plus de simples machines à signer des contrats. Par exemple, la structure de Marc Simoncini a été montée par Marie-Christine Levet, l'ancienne dirigeante d'un opérateur télécom. ISAI, la structure de Pierre Kosciusko-Morizet, Geoffroy Roux de Bézieux, Ouriel Ohayon et Stéphane Treppoz, est devenue un vrai fonds d'investissement dirigé par Jean-David Chamboredon, un ancien cadre dirigeant d'une SSII. Ces structures, très modernes dans leur forme, n'existaient pas en tant que telles il y a une quinzaine d'années. Leur apparition est le signe de la maturité de l'écosystème entrepreneurial français.

Au-delà des business angels, le capital-risque est aussi concurrencé par de nouveaux entrants, apparus grâce à des conditions fiscales avantageuses : les fonds ISF, liés à la possibilité de défiscaliser ses investissements de son impôt de solidarité sur la fortune. Cela a créé une suroffre de capitaux, aggravée par un phénomène de manque de compétences. En effet, les fonds ISF se sont constitués en se focalisant sur la canalisation des fonds en recherche d'avantage fiscal rapide. Les sommes sont levées en provenance d'une population atomisée de petits investisseurs ou à travers l'écran occultant d'une banque. De plus, ces sommes donnent immédiatement droit à un gain fiscal fort satisfaisant, la rentabilité de l'investissement n'étant mesurable, elle, qu'après de nombreuses années. Finalement, la performance est souvent décevante[1] et l'arrivée des fonds ISF a aggravé l'offre excédentaire de capitaux.

Les capital-risqueurs sont d'ailleurs les premiers à s'en plaindre ; cette concurrence ne facilite pas leurs affaires les rares fois où un dossier méritant de recevoir de l'argent apparaît sur le marché. Les entrepreneurs aussi le ressentent, allant parfois jusqu'à le verbaliser dans la presse : « En France, on manque d'accompagnement, pas d'investisseurs[2]. »

Mais il faudra trouver ses financements ultérieurs à l'étranger

L'offre d'amorçage est bonne en France, et les capitaux sont plutôt abondants. En tout cas, la France apparaît en bonne position dans les études indépendantes sérieuses, telles celles de l'OCDE[3]. Malgré cela, certains évoquent

1. Leroux, « Fonds ISF : des pertes souvent plus importantes que le gain d'impôt », Le Monde.fr, 28 avril 2014.

2. « Mickael Froger, Lengow : "En France, on manque d'accompagnement, pas d'investisseurs" », Petit Web, 21 janvier 2013, http://www.petitweb.fr/actualites/mickael-froger-lengow-en-france-on-manque-daccompagnement-pas-dinvestisseurs

3. Par exemple « Panorama de l'entrepreneuriat 2015 », OCDE,

parfois une faiblesse dans le financement de la croissance. Qu'en est-il en réalité ?

Typiquement, les entrepreneurs envient les levées de fonds possibles sur le marché high-tech américain. Londres aussi attire la jalousie car il joue un rôle de plate-forme de distribution de capitaux : ce n'est pas tant que le Royaume-Uni soit plus entrepreneurial que la France, mais plutôt que Londres est une place financière historiquement plus forte que Paris.

Pour les entrepreneurs français, la conséquence est simple : s'ils veulent avoir accès à des financements permettant à leur projet de revêtir une dimension mondiale, il faudra qu'ils les méritent, comme tous les autres entrepreneurs de la planète... hormis quelques anomalies comme Palo Alto ou Londres où le capital est distribué de manière en apparence plus généreuse. Cela implique alors d'avoir des produits et des clients de grande qualité, et surtout d'avoir engagé l'internationalisation de l'entreprise au plus tôt.

Par exemple, si l'on s'en tient à l'exemple de la high-tech, il est logique que l'entrepreneur effectue un transfert d'activité vers le marché nord-américain pour lever des fonds auprès des acteurs spécialisés dans les entreprises de taille mondiale (une compétence concentrée à Palo Alto et à Londres). Tous les entrepreneurs

---

3 novembre 2015, http://www.oecd.org/fr/std/stats-entreprises/panorama-de-l-entrepreneuriat-22266968.htm ou de manière plus précise : « Financing SMEs and Entrepreneurs. An OECD Scoreboard », OCDE, 2015, http://www.oecd.org/cfe/smes/financing-smes-and-entrepreneurs-23065265.htm

suivent ou se soumettent à cette logique, à commencer par les Israéliens qui ont une capacité remarquable à se délocaliser sur le marché nord-américain quand leur projet le nécessite.

Cette approche est bien illustrée par un champion national, Criteo : en 2012, sa levée de fonds « D » (la quatrième) eut lieu aux États-Unis, l'objectif étant alors de signaler et de renforcer son envol au niveau international[1]. S'inquiéter de ce départ était un contresens. En fait, le marché parisien était absolument prêt à financer Criteo. L'entreprise a même été critiquée pour avoir trouvé cet argent à l'étranger alors qu'il était disponible à Paris. Une fois compris le principe de la fluidité de l'argent, le but est bien de se placer dans le meilleur écosystème possible en fonction de son stade de développement. La disponibilité d'argent n'est pas un problème. L'argent arrive toujours aux entreprises qui développent de vraies belles opportunités, telles que Criteo.

1. Lejoux, « Financement des start-up : les fonds américains prennent le relais du capital-risque français », *La Tribune*, 31 octobre 2012.

V

Le paradoxe français

Pour l'entrepreneur d'opportunité, la France offre donc l'un des meilleurs écosystèmes au monde. Il n'est pas parfait, certes, mais tous les systèmes ont leurs défauts. Cependant, ceux-ci sont souvent très exagérés, et surtout ils ne sont pas bloquants. Ce sont des « facteurs d'hygiène » dont il suffit qu'ils soient acceptables, et ils le sont. En revanche, le panel d'opportunités disponibles est l'un des meilleurs au monde, ainsi que les supports à l'entrepreneuriat.

Quel est donc le problème ? Pourquoi l'image de l'entrepreneuriat en France est-elle aussi négative quand la situation des entrepreneurs d'opportunité est si bonne ?

On aimerait avoir *une* explication à ce paradoxe. Néanmoins, comme pour toute catastrophe, comme pour toute situation complexe, l'explication tient à la conjonction de conditions souvent indépendantes les unes des autres. Seules leur accumulation et leurs interactions peuvent expliquer un phénomène d'une telle ampleur.

Certains aspects ont déjà été évoqués. Par exemple, si l'on ne distingue pas opportunité et subsistance, on peut passer à côté de la chance qu'ont les chasseurs d'opportunité en France. Leur situation est en effet très différente de ceux pour qui l'entrepreneuriat n'est qu'une simple substitution à l'emploi.

Combien de personnes parmi les critiques du système français ont réellement comparé la situation dans plusieurs écosystèmes ? Je ne parle pas de ceux qui jugent que la situation est plus favorable à New York ou à Tel Aviv après y avoir passé un week-end, ou vécu en tant qu'expatrié avec la sécurité et le confort d'un salaire.

Certains avancent aussi que l'entrepreneuriat ne fait pas partie de la culture française moderne, ce qui pourrait expliquer la difficulté ressentie par les entrepreneurs français. En effet, *l'entrepreneuriat n'est pas une chose facile, ne l'a jamais été et ne le sera jamais.*

Ainsi, un entrepreneur français peut se sentir accablé par les courriers à adresser à l'URSSAF ou par les contrôles de l'Inspection du travail. Mais il devrait se souvenir qu'un entrepreneur à Palo Alto peut voir sa situation bouleversée par le simple courrier d'un avocat, si un concurrent ou un ancien employé décide de mettre beaucoup d'énergie à l'attaquer, ce qui, pour le coup, peut le tuer et l'obliger, en attendant, à embaucher un avocat à 500 dollars de l'heure. Il pourrait également se souvenir qu'un entrepreneur à Moscou peut recevoir des visites autrement plus musclées que celle du fisc français, ou qu'un entrepreneur à Pékin peut voir son entreprise déclarée indésirable en quelques minutes. Enfin, rappelons-nous que dans pratiquement aucun pays au monde un entrepreneur ne sera payé pendant deux ans (indemnité chômage en France) pour monter son entreprise !

Nous pouvons arrêter là, mais l'idée est simple : le niveau de douleur associé à l'entrepreneuriat est élevé dans la plupart des écosystèmes. Et s'il vaut la peine d'être tenté, c'est peut-être moins pour sa potentielle récompense financière que pour le sentiment d'accomplissement et l'indépendance qu'il procure.

En définitive, il est dommage que, dans le contexte français, la difficulté d'entreprendre soit attribuée aux déficiences du pays et se traduise toujours par un appel à l'aide de l'État, sous la forme de financements et d'autres incitations fiscales. La vérité est ailleurs...

Une incapacité intrinsèque au bonheur ?

Remarquons aussi que l'incapacité au *bonheur entrepreneurial* fait étrangement écho à l'incapacité au bonheur des Français en général. La France est un pays où les conditions objectives de vie sont parmi les meilleures au monde. Le système de santé, l'organisation du travail, la protection sociale et un large faisceau de facteurs (sans oublier la cuisine) devraient conduire les Français à un état de satisfaction parmi les plus élevés au monde. Paradoxalement, le bonheur déclaré par les Français est loin d'être en tête des classements mondiaux.

Ce paradoxe a été étudié par des économistes, en particulier Claudia Senik qui y a consacré ses recherches récentes et un livre[1]. Elle y démontre qu'il existe bien un écart entre nos conditions objectives et la déclaration, la perception de bonheur. Ce paradoxe est donc bien réel et cette distorsion des perceptions est une spécificité française.

Prenons un exemple typique de cette logique lié à la question de notre écosystème entrepreneurial : la question de la fuite des cerveaux. Dès que paraît une étude statistique montrant que les jeunes diplômés français partent vivre à l'étranger davantage que les Italiens, on en conclut immédiatement que nos jeunes manquent d'opportunités et qu'ils sont obligés de s'expatrier. Si la (même) statistique montre que les jeunes diplômés français partent moins que les jeunes Anglais ou Allemands, cela signifiera par contre que notre système éducatif est défaillant et que les jeunes Anglais et Allemands sont plus valorisés que les jeunes Français ! Étrangement, le choix se porte toujours sur une explication qui privilégie l'état peu enviable de notre situation nationale.

L'un des aspects remarquables de l'ouvrage sur la « Start-up Nation » Israël est qu'il identifie exactement la pulsion inverse, une volonté de « vendre la nation tout entière » quand ils promeuvent leur entreprise[2]. Un chapitre entier est d'ailleurs consacré à la diaspora et à la

1. Senik, *L'Économie du bonheur*, Paris, Le Seuil-La République des idées, 2014.

2. Senor et Singer, *op. cit.*

capacité remarquable des entrepreneurs israéliens à partir aux États-Unis, ce qui est identifié comme une force pour leur écosystème. Il est étonnant, et même décourageant, de remarquer que la même forte capacité chez les ingénieurs français est inscrite au débit de notre écosystème...

Une triste prophétie autoréalisatrice

Ce paradoxe français mérite d'être élucidé car de telles logiques sont toxiques.

Lorsque j'étudiais pour mon MBA aux États-Unis, une caricature classique du Français consistait à le décrire cigarette au bec, habillé de noir, maigre, noyé dans une mélancolie qui semblait mystérieusement attirer les filles. Cette image resurgit parfois dans le débat public américain. Des commentateurs comme Jon Stewart rappellent régulièrement que la France est pourtant le pays par excellence où il fait bon vivre, dont paradoxalement les habitants ne comprennent pas leur chance. Cette mélancolie peut prêter à sourire mais a de graves conséquences dans le domaine industriel, en diffusant une image négative de la France et de ses entrepreneurs. Elle peut devenir une croyance autoréalisatrice, en raison de laquelle nos entrepreneurs vont hésiter à se lancer, les investisseurs à investir, les étrangers à collaborer, etc. Triste prophétie autoréalisatrice si elle mine l'attractivité de l'écosystème entrepreneurial français.

Si les raisons de ce paradoxe français prêtent à débat, retenons que, dans le domaine entrepreneurial, un certain nombre de facteurs se combinent pour former une telle distorsion entre une image plutôt négative et une réalité très favorable. Examinons-les pour tenter de nous en prémunir.

18

La grande amnésie française

Souvenons-nous du mot apocryphe de G. W. Bush : «*France does not have a word for* entrepreneur.» Probablement jamais prononcée, cette phrase a trouvé écho chez ceux qui aiment s'amuser de cet ancien Président... et dans la foule qui se complaît à égratigner l'entrepreneuriat en France.

Néanmoins, la situation n'a pas toujours été celle-ci. Bien au contraire, et c'est peut-être la racine du problème, la France a été à son heure un *géant* de l'entrepreneuriat. Il se peut que ce soit la perte de cette ultra-dominance qui rende la situation actuelle détestable en comparaison. La complainte du milieu des affaires français sur la difficulté de l'entrepreneuriat en France pourrait exprimer le regret inconscient de cette époque bénie.

En effet, jusqu'à il y a un siècle environ, jusqu'à la fin de la Belle Époque au début de la Première Guerre mondiale, *la France a été un géant de l'entrepreneuriat et de l'innovation.* C'est la thèse qu'a développée Marc Giget quand il dirigeait la chaire d'Innovation au CNAM[1].

Dans son analyse, Giget prend appui sur les grandes expositions universelles pour démontrer combien la richesse et l'innovation de la France de la Belle Époque sont difficiles à imaginer aujourd'hui. Il exhume des images d'archives de ces expositions. Certaines sont bien connues du public mais semblent être des fictions, des dessins. La Seine y apparaît bordée de bâtiments plus exotiques les uns que les autres, certains surplombant le fleuve. La surface bâtie pour ces occasions était immense ; il en reste une toute petite partie, notamment le Grand et le Petit Palais. Tout le reste a été détruit après l'exposition, car la richesse de cette époque le permettait, et l'esprit d'innovation laissait alors croire à un progrès continu qui rendait inutile de conserver les réalisations du moment. Une grande tour avait été construite par Gustave Eiffel, elle aussi devait être détruite, mais finalement elle fut conservée presque par hasard. On ne parle pas de Belle Époque pour rien !

Ces images correspondent à ce que les chiffres disent plus froidement : la France était un empire et, avec le Royaume-Uni, la force dominante au niveau mondial en termes d'industrialisation, d'innovation, et donc d'entrepreneuriat. L'esprit d'entreprise était galopant, à un point tel que sa flamboyance et ses excès constituent l'un des ressorts de nombreuses œuvres romanesques

1. « La Net Époque, deuxième âge d'or du progrès à la française ? », *Les Cahiers EY*, EY, 13.

françaises du XIXe siècle, de Balzac à Zola. Imagine-t-on aujourd'hui la grande littérature s'inspirant de Bernard Arnault ou de Patrick Drahi ?

Avec le Royaume-Uni, la France est donc le géant de l'entrepreneuriat de cette époque, et tout son système politico-économique semble construit pour la création d'entreprises. De manière anecdotique, chacun peut se rendre compte de la prégnance de l'entrepreneuriat à cette époque-là en utilisant Google Ngram, qui permet de tracer l'usage d'un mot à travers le temps, en s'appuyant sur le corpus des livres publiés et qui ont été scannés systématiquement par l'entreprise de Mountain View.

Si vous cherchez « entrepreneur » dans le corpus français, l'usage est très fréquent dès le début du XIXe siècle. Dans le corpus anglais, l'usage décolle plus tardivement, au cours du XXe siècle. En revanche, il est quasi inexistant dans le corpus américain avant le XXe siècle. Non seulement le mot « entrepreneur » trouve son origine dans notre langage, mais surtout il a été pendant très longtemps comparativement beaucoup plus utilisé en français que dans la société anglo-saxonne. De manière intéressante, le mot reste relativement plus fréquent dans notre langue mais de manière moins nette.

Marc Giget conclut son analyse de la Belle Époque en dressant la trajectoire qui nous amène aujourd'hui à une période contemporaine où cet esprit entrepreneurial semble étranger à la culture française. Les crises économiques et politiques se sont enchaînées à partir de 1914 :

Première Guerre mondiale, crise des années 1920, puis krach des années 1930, puis guerre de nouveau, occupation, et enfin reconstruction dans les années 1950-1960. Le PNB de la France n'est revenu à son niveau de 1914 qu'à cette période de reconstruction, un hiatus d'un demi-siècle durant lequel les gouvernements successifs ont dû soutenir l'activité et l'emploi. La croissance des corps de fonctionnaires est donc significative pendant cette période, où par exemple l'école publique prend son essor effectif avec la constitution d'une éducation nationale massive.

Cette trajectoire a plusieurs conséquences intéressantes sur la question de l'entrepreneuriat français. Tout d'abord, il faut abandonner l'idée que les mots « culture française » et « entrepreneuriat » ne riment pas ensemble. Ensuite, si la montée en puissance de l'Administration au milieu du XXe siècle constitue actuellement un frein, il s'agit d'un phénomène récent. En effet, l'intervention forte de l'État dans notre économie ne date pas de la Seconde Guerre mondiale ; elle remonte au XVIIe siècle avec Colbert, sur les traces duquel a marché Napoléon, sans que cela ait constitué un obstacle à l'entreprise.

Ainsi, l'entrepreneuriat n'est pas absent de l'histoire de France, bien au contraire. Cette histoire glorieuse, dont les restes existent encore dans l'inconscient collectif, est peut-être une des causes de la critique exagérée que subit notre écosystème. Comparativement à ce qu'ont connu nos ancêtres de la Belle Époque, la période actuelle est frustrante.

En effet, nous ne sommes plus la référence mondiale dans le monde des affaires. Ce rôle, que nous partagions avec le Royaume-Uni, est tenu par les États-Unis depuis un siècle. Nous ne sommes plus le principal innovateur, ni n'avons la population de chercheurs et d'ingénieurs la plus importante. Nous n'avons plus un accès total à un large empire colonial, pourvoyeur de ressources primaires, de matériaux, de denrées agricoles, de main-d'œuvre, le tout à prix tellement bas que l'on pouvait facilement se lancer dans n'importe quelle activité. Nous n'avons plus non plus les moyens de financer un système éducatif à la pointe ainsi que de nouvelles institutions qui attirent les meilleurs cerveaux de la planète. Enfin, nous ne sommes plus les dépositaires de la *lingua franca* des affaires.

Pourtant, la perte de la prééminence ne signifie pas que la situation ne reste pas *très favorable*. Certes, dans le secteur high-tech, nous ne sommes pas la Silicon Valley, notre secteur financier est moins bon que celui de Londres, notre fiscalité pas aussi bénigne que celle de la Belgique, notre industrie moins florissante que celle de l'Allemagne... Néanmoins, dans un monde qui compte 7 milliards de personnes et 197 pays, nul ne peut viser à l'excellence suprême dans toutes les dimensions à la fois.

Même pour un géant comme les États-Unis d'aujourd'hui, il est difficile d'être le meilleur partout. Le coût horaire du travail n'y est pas le plus bas du monde, la fiscalité pas particulièrement favorable (on l'a vu), l'insécurité juridique y est grande, les aides aux entreprises moins généreuses qu'en France, etc. En revanche, le géant américain brille par la diversité de ses domaines d'excellence.

Ainsi, la mémoire d'un passé glorieux est peut-être l'une des explications du paradoxe français. Faute de pouvoir être la référence mondiale, notre pays se complairait à ressasser sa perte de grandeur et à ignorer qu'il reste un paradis...

19

Une coalition des anti-impôts et des pro-fonctionnaires ?

Nous ne pouvons pas évoquer la question de l'entrepreneuriat en France sans parler de *culture*. Cette culture dérive de notre histoire, de nos grands équilibres sociaux et politiques, et elle pourrait jouer son rôle dans le paradoxe français. Nous allons évoquer ici deux tendances culturelles fortes, chacune à une extrémité du spectre politique.

La grande confusion entre l'entrepreneur en devenir et l'entrepreneur devenu rentier

Nous avons longuement évoqué la question de l'impôt, pour conclure que l'imposition en France n'était pas un problème pour l'entrepreneuriat. Néanmoins, ceux qui prétendent le contraire n'en démordront probablement pas de sitôt, entre autres à cause d'un grand malentendu.

Dans le débat français, le mot « entrepreneuriat » recouvre une dualité : entrepreneur d'un côté, investisseurs et anciens entrepreneurs de l'autre. La méprise dérive de cette situation où l'on agrège sous la même bannière d'un côté des personnes qui n'ont pas le sou, dont la qualité première va être de faire avec peu, avec des bouts de ficelle, et de l'autre des gens dont la préoccupation est de gérer leur argent.

Ces deux approches vont malheureusement aboutir à des réponses différentes. Ceux qui sont obsédés par la protection de richesses déjà créées auront probablement à se plaindre de la France. Ceux qui sont obsédés par la *création de richesses* doivent comprendre que la France est l'un des endroits les plus favorables au monde.

Cette contradiction apparente alimente le paradoxe français. D'anciens entrepreneurs, des personnes ayant des capitaux (pour investir) parlent au nom de l'entrepreneuriat pour décréter la situation, *leur* situation, insupportable. Malheureusement, le public, les médias et même les politiques ne comprennent pas que leurs déclarations sont à contre-emploi.

Notre pays perd tout l'avantage de son attractivité objective en se laissant aller à confondre le problème des créateurs de richesse et le problème de ceux qui veulent protéger leur richesse.

Voilà donc un problème majeur, la particularité du débat franco-français où, en termes simples, *l'entrepreneur s'est fait voler sa cause par le rentier.*

La France déteste-t-elle ses entrepreneurs ?

L'entrepreneuriat français a un autre problème, sur sa gauche cette fois. La France a développé au XXe siècle un secteur public important qui a effectivement influencé la culture nationale.

L'État y est fort, les corps de fonctionnaires massifs, et leur culture s'est calcifiée sur l'idée que l'entrepreneur était une anomalie suspecte par opposition au salariat.

Ainsi, une grande partie de chaque génération semble programmée pour reproduire un schéma où l'on va à l'école pour réussir un concours et être recruté dans une administration dans le cas idéal, dans un emploi salarié dans tous les cas.

Ce schéma est encore plus bouclé si l'on observe l'Éducation nationale, probablement le plus gros débouché de notre université. Dans cette machine, l'école (ra)mène à l'école. Le nombre de nos enseignants qui ont travaillé en entreprise est ridiculement faible. La part de ceux qui ont déjà créé une activité est infinitésimale. Cela ne peut pas être sans conséquences.

Cette ignorance ne se limite pas aux seuls fonctionnaires, car notre personnel politique a une particularité : il est professionnalisé très jeune, donc est lui aussi assez imperméable à la vie de l'entreprise et encore plus étranger à l'entrepreneuriat.

À cet égard, on doit louer le travail effectué par des activistes cherchant à corriger ces bouclages culturels en exposant la population au phénomène entrepreneurial.

Ainsi, Philippe Hayat, entrepreneur et professeur d'entrepreneuriat, a créé 100 000 entrepreneurs, une association amenant des entrepreneurs dans les écoles pour les faire témoigner. L'entrepreneur et ancien journaliste Christophe Agnus tente de faire de même avec son association Adoptez un élu, pour inciter élus et grands patrons à faire un stage dans une PME[1].

Ce fait sociologique va se combiner à un fait politique. La France a conservé après guerre une culture politique d'inspiration sociale – n'hésitons pas à dire socialiste –, culture par certains côtés défiante vis-à-vis du phénomène entrepreneurial. Ce n'est pas tant que le personnel politique de gauche est complètement imperméable à l'entrepreneuriat. L'état d'esprit, lors des septennats de François Mitterrand, puis sous Jospin ou Hollande, n'est pas franchement anti-affaires. Mais les hommes de gauche qui reconnaissent l'importance de cette activité sont taxés de « gauche caviar ». Disons qu'une certaine gauche a de la distance avec l'entrepreneuriat, qu'elle voit comme une chose de droite.

Ajoutons un dernier aspect culturel. La France n'a pas un grand sens du service. Nous avons une tradition aristocratique et bourgeoise qui nous a permis de dicter les normes de bienséance et les standards de service du

1. Morel et Coulon, « Ce patron qui veut engager des élus », Europe 1, 18 juin 2013, http://www.europe1.fr/economie/ce-patron-qui-veut-engager-des-elus-1555195

luxe. Cependant, la culture française entretient également une défiance à l'idée de servir quelqu'un (on n'a pas coupé la tête de notre roi pour recevoir des ordres sur la manière de servir le café).

Une anecdote illustre ce point. La Harvard Business School dispense un cours sur le « service ». Ce cours est officiellement optionnel, recommandé à ceux qui vont travailler dans une industrie de service telle que la banque ou l'hôtellerie. Il donne lieu à une blague que tout le monde comprend à l'étranger : ce cours est optionnel, hormis pour les Français, pour qui il est obligatoire.

Pourquoi invoquer ce point en rapport avec l'entrepreneuriat ? Car l'esprit de vente, de découverte du besoin du consommateur est souvent animé par la recherche de la satisfaction du client. Cet état d'esprit se développe plus difficilement dans une population qui n'a pas automatiquement l'idée que « le client est roi », principe fondateur du service et motivation de nombreuses innovations entrepreneuriales.

Ainsi, accusé par la droite de mal fonctionner et soupçonné par la gauche d'être au service du grand capital, l'entrepreneuriat a fort à faire pour trouver sa place en France.

Le phénomène de rejet de l'entrepreneur et son incompréhension par la population se sont heureusement grandement atténués. La période de la fin des années 1990 avec la bulle Internet a joué un grand rôle pour qu'enfin une génération entière reconnaisse cette activité. En vingt ans, beaucoup de choses ont changé.

Les statuts administratifs ont été adaptés, et par exemple on peut aujourd'hui se déclarer entrepreneur et toucher ses indemnités chômage. Les diplômés des grandes écoles n'ont plus pour seul objectif de travailler dans un grand groupe, l'entrepreneuriat est devenu une aspiration courante, même dominante dans certaines écoles de commerce.

Les sondages montrent que l'entrepreneuriat est bien accepté par la population, même s'il n'est pas encore devenu une aspiration répandue.

Il reste à espérer qu'un nombre toujours plus grand d'entrepreneurs potentiels constatent que cette activité est plutôt bien considérée en France et que notre pays leur offre des avantages certains, même si le message développé dans cet ouvrage n'est pas encore la norme.

20

Et la gagnante est... la Française entrepreneure

Cet ouvrage est motivé par l'agacement face à la défiance répandue vis-à-vis de l'écosystème français et l'illusion d'un ailleurs plus favorable. Souvent, cet « ailleurs » entrepreneurial rêvé est l'Amérique, et les États-Unis forment effectivement un écosystème exceptionnel.

Pourtant, non seulement ce contraste ne justifie pas la critique de la France, mais en plus il doit souvent être ajusté selon la situation de chacun. Par exemple, qu'en est-il si l'on considère une situation particulière, qui ne concerne pas moins de la moitié de la population, *l'entrepreneuriat au féminin* ? Celui-ci a-t-il des spécificités, et comment la France se compare-t-elle aux autres écosystèmes dans ce cas-là ?

Le genre influence la situation professionnelle, y compris dans l'entrepreneuriat

La question des spécificités de l'activité professionnelle des femmes a beaucoup été étudiée ces dernières décennies, en particulier pour comprendre ce qui peut induire des disparités hommes-femmes significatives dans la plupart des marchés d'emploi.

Il ressort de ces études que les femmes continuent de porter de manière disproportionnée les charges liées à la maternité, aux enfants, et en général aux activités domestiques. Ces charges influencent leur disponibilité temporelle, géographique, et donc leurs choix de carrière. D'importants facteurs culturels jouent également sur les parcours professionnels des hommes et des femmes, aboutissant à de grosses disparités.

Dans le domaine de l'activité entrepreneuriale, on constate les mêmes disparités. L'exemple le plus flagrant est la capacité à lever des fonds : ces derniers sont plus facilement accessibles aux hommes qu'aux femmes[1].

Historiquement, l'entrepreneur est majoritairement de genre masculin. Mais cette réalité dépend avant tout de la nature de l'entrepreneuriat. En effet, en y regardant de plus près, on constate que les femmes sont cantonnées de manière disproportionnée à l'entrepreneuriat de nécessité[2]. Dans beaucoup de pays en développement, les femmes sont contraintes à monter

1. Robb, Coleman et Stangler, « Sources of Economic Hope : Women's Entrepreneurship », SSRN eLibrary, 2529094, 2014.

2. Thébaud, « Business as Plan B: Institutional Foundations of Gender Inequality in Entrepreneurship across 24 Industrialized Countries », in *Administrative Science Quarterly*, 60 (4), 2015.

des petits commerces, de la petite restauration, et d'autres activités destinées à faire vivre une famille et à nourrir leurs enfants.

À l'autre bout du spectre, les initiatives « nobles » que sont les startups d'opportunité qui reçoivent des fonds d'investisseurs sont principalement le fait... des hommes. Cette stratification est malheureusement très classique dans la plupart des marchés du travail.

En France, l'écosystème n'est pas fondamentalement différent *a priori* : les hommes dominent l'entrepreneuriat d'opportunité, les femmes sont mieux représentées dans l'entrepreneuriat de nécessité[1]. En revanche, il s'avère que la participation des femmes dans le monde du travail français est très particulière, pour des raisons qui vont aussi influencer l'entrepreneuriat au féminin.

Une implication élevée des femmes françaises dans le monde du travail

La France fait partie d'un petit groupe de pays où l'emploi des femmes a été favorisé, en particulier depuis l'après-guerre. On ne rentrera pas dans le débat sur les origines de telles différences. Dans certaines cultures (par exemple américaine), on va trouver un présupposé

1. Beaufort et Viviane, « La création d'entreprise au féminin en Europe. Eléments comparatifs (Women Entrepreneurship in Europe. Comparative Elements) », SSRN eLibrary, 2328162, 2011.

sexiste par lequel le fort emploi des femmes (françaises) ne peut se justifier que par une moindre richesse et donc une plus grande *obligation* des femmes à travailler ! Pour ces cultures, la femme se doit d'être à la maison ; le fait de travailler pour une femme ne peut être justifié que par le besoin et non par un droit égal ou par le désir.

Toujours est-il que la France est régulièrement classée parmi les environnements les plus favorables à l'emploi des femmes[1]. Cela est lié, entre autres, à notre système de garde d'enfants, d'écoles maternelles, de congés maternité payés, et à un système de santé efficace et quasiment gratuit.

Tous ces éléments culturels et matériels se combinent pour fournir une situation étonnamment favorable, en tout cas comparé à beaucoup d'autres pays dont les États-Unis. Prenons le cas d'une jeune femme, par exemple notre personnage hypothétique, Clara. Elle va bientôt aborder la trentaine, âge moyen du premier enfant. En théorie, un enfant se fait à deux et s'élève à deux, donc la charge psychologique et matérielle devrait être également partagée avec un homme. En pratique, c'est plus compliqué, surtout du point de vue de la femme... Se lancer dans une aventure entrepreneuriale est une décision potentiellement plus difficile pour une femme si elle envisage d'avoir bientôt un enfant.

---

1. Par exemple, voir un outil interactif permettant de tester de multiples dimensions simultanément : « The glass-ceiling index: The best – and worst – places to be a working woman », *The Economist*, 8 mars 2014, http://www.economist.com/news/business/21598669-bestand-worstplaces-be-working-woman-glass-ceiling-index

Comment la situation en France se compare-t-elle par exemple aux États-Unis ? Tout d'abord, en France, une entrepreneure ne tombera pas dans la pauvreté avec la naissance d'un enfant. En revanche, aux États-Unis, un accouchement sans assurance coûte entre 30 000 et 50 000 dollars. Même avec une assurance maladie, les frais sont significatifs (disons 6 000 dollars) pour un coût annuel important en attendant (disons 5 000 dollars par an). Et bien entendu aucune indemnité n'existe *a priori*, alors qu'en France la créatrice d'entreprise au régime d'indemnisation chômage va maintenir des revenus pendant son arrêt maternité.

Pour mettre cela en perspective, rappelons que l'approche Lean combinée à l'effectuation suggère de démarrer l'activité avec de toutes petites sommes. Mais comment essayer d'être Lean si l'on doit régulièrement débourser des sommes importantes rien que pour s'assurer et devoir payer ensuite des milliers de dollars pour passer par la maternité ?

Au-delà de la couverture sociale, le système d'aide à la française participe à rendre viable un projet entrepreneurial pour une femme : il lui permet soit de limiter son risque en conservant son emploi en partant en congé de création entreprise, soit de limiter son investissement en s'inscrivant au chômage si elle démissionne pour création d'entreprise.

Une fois l'enfant arrivé, la disponibilité de systèmes de garde publics et quasi gratuits (comparé aux États-Unis ou au Royaume-Uni) fait là encore la différence. Lorsque les enfants vont grandir, l'école et la santé sont autant de facilités qui sont inabordables aux États-Unis et naturellement disponibles en France.

Une femme envisageant sérieusement de monter une entreprise et d'avoir un enfant devra absolument éviter les États-Unis ou tout pays similaire en la matière, comme l'Allemagne. Ou alors, elle devra s'assurer d'un financement extérieur, par exemple en s'appuyant sur le père de son enfant. Face à ce type de situation, une entrepreneure d'opportunité de 30 ans en France qui se lance dans l'entrepreneuriat n'a pas à s'inquiéter de savoir si ce choix est contradictoire avec le fait de pouvoir assumer une maternité. Cela ne veut pas dire que cela va être facile, car, encore une fois, l'entrepreneuriat n'est pas une activité à prendre à la légère, mais c'est faisable.

Revisitons la situation de nos deux entrepreneures d'opportunité fictives : Valérie, l'ingénieure de 40 ans dans le domaine technologique, et Clara, la commerciale de 25 ans dans le luxe. Si elles se lancent, elles auront un niveau de confort personnel incomparable à celui qu'elles obtiendraient dans des pays comparables.

Clara est jeune, mais elle envisage d'avoir un enfant bientôt, dans l'horizon de temps de son aventure entrepreneuriale. Son compagnon fait des études de musicologie.

Si elle devait se lancer dans un autre pays que la France, son compagnon pourrait la suivre. Néanmoins, elle s'est renseignée, et même en mettant tout le formalisme de leur côté (par exemple en se mariant), leurs revenus à deux seraient faibles, ne donneraient pas accès à des couvertures santé suffisantes et, dans la plupart des cas, aucun système de garde publique ne leur permettrait de gérer correctement leur enfant. La situation est très clairement impossible aux États-Unis ou dans beaucoup de pays asiatiques. Cependant, même à Londres ou à Berlin, où il existe tout de même un système de santé publique, la couverture et les services publics à la petite enfance rendraient leur situation précaire.

Pour Valérie, la situation est moins difficile *a priori* car son mari est ingénieur comme elle, et les revenus disponibles sont non négligeables. En revanche, ils ont quatre enfants. Dans la plupart des pays envisageables, le Royaume-Uni, l'Allemagne ou les États-Unis, le simple salaire d'ingénieur de son époux combiné avec un revenu d'entrepreneure nul au début rendrait leur situation compliquée. Aux États-Unis, elle obtiendrait peut-être une couverture santé par l'emploi de son mari, mais inscrire quatre enfants à l'école ou en garde à New York ou San Francisco va être très onéreux. C'est déjà difficile pour un local qui a un salaire, car l'école y est *a priori* moins souvent gratuite. C'est presque inenvisageable pour un étranger qui arrive et pourrait avoir besoin de scolariser ses enfants dans des écoles internationales. Celles-ci coûtent souvent, dès le primaire, autant qu'une année dans une grande université, à savoir jusqu'à 50 000 dollars par an !

À Londres et à Francfort, la santé est un sujet moins problématique (même s'il suffit de passer quelque temps au Royaume-Uni pour retrouver du charme au système de santé public français), mais la gestion des enfants est très problématique en général. À Londres, la scolarité sera clairement un problème. À Francfort, Valérie sera confrontée au fait qu'il y a deux fois moins de crèches publiques et que, pour une femme mère de quatre enfants, travailler n'est culturellement et pratiquement pas encouragé.

Pour Clara et Valérie, la situation est très claire : elles vont bénéficier en France de facteurs d'opportunité exceptionnellement favorables (domaines et ressources). En ce qui concerne les facteurs d'hygiène, la situation ne sera peut-être pas idéale, mais l'essentiel est qu'elle soit acceptable. Surtout, en envisageant ou prenant en compte leur situation familiale, elles ne trouveront pas de contexte plus favorable qu'en France.

Ainsi, les mécanismes de support social très robustes rendent l'entrepreneuriat au féminin moins « dangereux » à Paris qu'à New York, Londres, Tel Aviv ou Stuttgart, sans même parler de Bombay ou Rio... La Française bénéficie donc probablement du meilleur environnement au monde pour entreprendre, en supposant bien entendu que ce type de généralité veuille dire quelque chose.

Il est à souhaiter que ce discours très – trop – dépendant du genre de l'entrepreneur, vienne à être de moins en moins justifié. Que la contrainte, la pression engendrées par la vie de famille soient de moins en moins l'apanage des femmes et de plus en plus également partagées. La présentation ci-dessus a supposé que ces contraintes s'appliquaient à Valérie, Clara, mais sans jamais évoquer José ou Michel.

Évidemment, dès aujourd'hui, de nombreux entrepreneurs hommes se sentent tout aussi impliqués, préoccupés des questions de garde et de santé de leurs enfants que la mère de ceux-ci. Plus ce sera le cas, ce qui est absolument à souhaiter, plus la France sera non seulement un paradis, mais aussi un champion de l'entrepreneuriat pour tous, pas seulement de l'entrepreneuriat au féminin.

Épilogue

Basculer dans l'opportunité

La logique exposée dans cet ouvrage – focalisé sur l'opportunité et les vrais facteurs de succès – trouve sa justification lorsque l'on s'adresse aux individus ayant à faire le *choix* de l'entrepreneuriat. Cela nous a ainsi amenés à imaginer les trajectoires de Clara, José, Valérie et Michel, quatre entrepreneurs fictifs mais représentatifs de la population en général.

Ils nous ont accompagnés dans notre longue promenade dans les méandres de l'entrepreneuriat, en particulier français. Qu'en est-il finalement de ces entrepreneurs, que nous révèlent-ils ? Le Tableau 2 résume comment leurs projets entrepreneuriaux pourraient évoluer, s'ouvrir dans nombre de directions, une fois prises en compte les forces du marché français.

Tableau 2
Basculer vers l'opportunité

	Projet initial	**Nouvelles directions**
Clara	Entrepreneuriat à l'étranger	Produits cosmétiques de luxe Produits du terroir (avec Michel) Relocalisation de retraités (avec Michel)
José	Pâtisserie	Pâtisserie au Brésil Tourisme culinaire (avec Valérie) Pâtisserie de luxe
Valérie	SSII unipersonnelle	SSII robotique dans le médical Tourisme culinaire (avec José)
Michel	Bar-tabac	Produits du terroir (avec Clara) Relocalisation de retraités (avec Clara) Rénovation de ferme Installation solaire

Tout d'abord, rappelons que la France étant certainement plus favorable à l'entrepreneuriat d'opportunité qu'à celui de nécessité, il faut s'assurer que ce choix soit conçu par le plus grand nombre.

Michel, l'agent de maîtrise de 50 ans, et José, le pâtissier, illustrent bien cette problématique. L'agent de maîtrise n'envisage pas autre chose qu'une activité de reprise de bar-tabac qui ne peut que le mener vers un purgatoire de subsistance. Le pâtissier peut s'enfermer dans une interprétation de son activité limitée à un commerce de quartier, et lui aussi se retrouver à gérer une affaire qui survit à peine.

Prendre en compte les clusters et les facteurs d'opportunité permet à ces deux personnages d'envisager une bascule vers la chasse à la croissance et l'ouverture dans de nombreuses directions.

Cette approche s'applique aussi aux entrepreneurs déjà naturellement orientés vers l'opportunité (plutôt que la subsistance), ici Clara, la jeune sortant d'école de commerce, et Valérie, l'ingénieure en automatisme. Dans le cas de Clara, on a pu décortiquer la situation et démontrer que la fuite de ce « cerveau » vers l'étranger ne serait absolument pas à son avantage. Paradoxalement, ce départ n'était pas envisagé par le pâtissier José alors qu'il pourrait lui être bénéfique.

Pour tous, la richesse de choix et de facteurs de la France est une force, et elle doit les inciter à collaborer, à se rassembler pour croiser les compétences, les forces. Michel, depuis son terroir, collaborera peut-être avec Clara qui saura vendre à l'international. José, depuis sa pâtisserie, collaborera peut-être avec la Parisienne Valérie pour partager ensemble leur passion de la cuisine avec les touristes japonais.

Ces quatre personnages vous révèlent aussi pourquoi le *French bashing* peut être toxique. Si l'on interprète (ci-dessous) leur situation selon les critiques habituelles du système, mesurez combien les conseils qui en découlent sont infondés et irresponsables.

Pour Clara, quel intérêt à lui faire croire qu'elle aurait plus d'opportunités à l'étranger alors que tout son réseau social est en France et que les ressources fondamentales de son industrie favorite, le luxe, sont à la portée de sa main en France (marque, produits, savoir-faire) ?

Pour José, pourquoi ne pas reconnaître que les difficultés qu'il pourrait rencontrer en gérant une pâtisserie sont plus liées à l'entrepreneuriat de nécessité (parfois appelé de « subsistance » pour une bonne raison) et non à la France ? Pourquoi ne pas lui montrer que l'entrepreneuriat d'opportunité est à sa portée car il a une compétence dans l'un des nombreux domaines d'excellence de notre pays ?

Pour Valérie, pourquoi rabâcher la Silicon Valley alors qu'elle peut très bien monter une entreprise high-tech en France, et surtout que démarrer son activité de manière Lean serait rendu particulièrement difficile par son statut de mère de famille dans la plupart des autres grands écosystèmes ?

Pour Michel, pourquoi le laisser lui aussi s'enfermer dans une activité de nécessité, le bar-tabac, dont la rentabilité est fragile ? Et pourquoi ne pas lui faire se rendre compte que, malgré son profil en apparence difficile (50 ans, chômage, province, industrie), il est paradoxalement dans une situation où les opportunités sont nombreuses : tourisme, alimentaire, énergie, etc.

Pour tous, pourquoi essayer de les décourager en leur disant que cela va être dur, qu'il n'y a pas assez d'investissement en France, alors que de simples faits doivent leur faire voir la situation autrement : tous vont bénéficier d'une couverture sociale quasi gratuite et la plupart d'aides assurant leur subsistance pendant leur amorçage. Cela, combiné à une bonne approche Lean, devrait leur permettre d'avancer assez jusqu'à ce que leur succès éventuel attire les financiers qui pourront les accompagner pour la croissance.

Séparons-nous de ces personnages en imaginant de manière réaliste ce qui pourrait leur arriver. Clara et Michel vont monter un commerce d'import-export de produits de charcuterie auvergnate, à destination de l'Asie, en commençant par Internet et en ciblant la Corée, avec un positionnement luxe.

José reste en France, mais choisit son implantation, juste dans la rue du Mama Shelter de Marseille, ayant en tête de développer une offre de pâtisserie renouvelant le canon provençal, pariant sur une clientèle sophistiquée et prescriptrice.

Valérie va se lancer en activité unipersonnelle de conseil technologique, mais va cibler le marché de la microrobotique médicale, pariant que ce marché va décoller en France et qu'une opportunité de produit ou service va émerger au long terme.

Au bilan, on peut prédire que, après un certain nombre d'ajustements, de rebondissements, un(e) d'entre eux va réussir de manière remarquable, et un(e) autre sera aussi considéré(e) comme une réussite. Dans l'autre moitié, l'un(e) restera entrepreneur mais finalement de nécessité, vivant juste de son activité sans croissance à attendre. Et l'autre aura abandonné, sera retourné à l'emploi salarié...

L'histoire ne dit pas à l'avance qui est qui, mais que tous auront eu le sentiment d'accomplissement d'avoir essayé. Que tous auront contribué à l'innovation et la croissance de notre écosystème.

Conclusion

Il serait naïf de proclamer la victoire de notre écosystème, malgré la tentation de contrer ainsi la stérile litanie des critiques de l'entrepreneuriat en France.

De manière plus réaliste, cet ouvrage apporte une parole simple et positive sur notre situation nationale. L'entrepreneuriat est difficile dans tous les écosystèmes. Néanmoins, la France est l'un des plus favorables à l'entrepreneuriat d'opportunité.

Favorable, car son éventail de domaines d'excellence est l'un des plus larges au monde. Favorable, car certains facteurs spécifiques comme la marque, le capital humain ou l'implication de l'État apportent des avantages comparatifs cruciaux. Favorable, car aucun des handicaps habituellement dénoncés (Administration, droit du travail, fiscalité, etc.) ne constitue un obstacle fondamental à un entrepreneur d'opportunité déterminé et formé.

Même si les comparaisons entre pays sont difficiles, on peut l'affirmer sans crainte : la France fait partie des paradis entrepreneuriaux. Paradis comparable aux États-Unis, cet écosystème dominant tous les autres par sa taille et sa richesse d'opportunités, mais souvent plus difficile pour l'entrepreneur qu'on ne l'imagine. Paradis aussi à l'image de quelques grandes nations industrialisées telles que l'Allemagne, le Royaume-Uni ou le Japon, autres écosystèmes qui fonctionnent bien et offrent une gamme complète d'opportunités.

Certains pourraient trouver leur bonheur ailleurs : Israël brille par son secteur high-tech, les BRIC par leur croissance, et de nombreux paradis fiscaux offrent des opportunités de papier. Néanmoins, peu d'écosystèmes offrent à la fois autant de choix, de confort et de solidité que la France.

Reconnaître en notre écosystème un paradis entrepreneurial, c'est aussi susciter un autre regard sur les choix professionnels et personnels d'un grand nombre d'individus, éviter des départs inutiles vers l'étranger, et rassurer ceux qui hésitent à développer leur projet.

Avoir les idées claires sur les forces de l'entrepreneuriat français permet de se poser des questions différentes de celles suggérées par le *French bashing*. Angoisser d'avance sur les 35 heures et les impôts n'a jamais permis d'orienter efficacement le choix et l'action de l'entrepreneur.

À l'opposé, se poser les bonnes questions peut rapprocher l'entrepreneur de ce qui va devenir *son* opportunité, des questions telles que :

- comment durer dans son effort entrepreneurial en démarrant de manière Lean ;

• comment ne pas s'encombrer de tracasseries administratives en se faisant aider par un comptable ;
• comment créer des startups high-tech que l'on peut relocaliser vers les États-Unis le moment venu, mais en conservant l'équipe de développement chez soi (comme les Israéliens) ;
• comment s'appuyer sur des clusters d'activité dynamiques, par exemple la renaissance de l'excellence française en restauration ou la croissance permanente du cluster luxe ;
• comment éviter les investisseurs le plus longtemps possible. Et si le projet le justifie, accompagner sa croissance internationale avec du capital en provenance de Londres ou de Palo Alto ;
• pourquoi les Françaises devraient sérieusement envisager l'entrepreneuriat, plus que toute autre population féminine dans le monde !

Nul rêve béat ici, mais l'application d'un peu de méthode pour reconnaître combien, en croisant les domaines et les compétences, et en jouant sur les multiples atouts de la France, chaque entrepreneur a un choix d'opportunité hors norme.

Vanter l'extraordinaire qualité de l'entrepreneuriat en France, c'est l'occasion de porter un autre regard sur notre écosystème. Un autre regard sur la question de la « réforme ». Aujourd'hui, notre système a un certain coût, une certaine lourdeur, et ses mécanismes de redistribution sont douloureux pour ceux qui les alimentent.

En contrepartie, le résultat est extraordinairement positif et concret : les entrepreneurs d'opportunité bénéficient de conditions très favorables, où choix et sécurité se combinent remarquablement.

Le débat sur notre système se réduit souvent à une obsession de réforme, d'optimisation. Évidemment, nombre d'éléments pourraient être «optimisés» de manière à enregistrer des économies à court terme, à un horizon de un ou cinq ans. Cependant, quelle en serait la conséquence à long terme pour notre environnement entrepreneurial ?

Le capital humain disponible actuellement découle de décennies de construction de filières de formation. Les tissus industriels tirent leur force de notre complexe militaro-industriel, de notre système de santé, de nos filières agricoles, etc. Tous ont mis des décennies à s'établir, certains remontant à des choix politiques quasi centenaires, constituant aujourd'hui des spécificités positives qu'on pourrait perdre en chemin.

Nous avons un écosystème formidable, fruit d'une longue histoire, mettons toute notre énergie à le vendre à toute la planète.

Remerciements

Cet ouvrage n'aurait pas vu le jour sans l'aide, la présence et l'énergie de nombreuses personnes.

Merci donc à ma famille, mes parents et mes garçons.

Merci aussi à mes élèves avec qui ces idées ont été longtemps testées et qui ont insisté pour que je les couche sur le papier. Merci à tous les entrepreneurs qui sont venus témoigner dans ma salle de classe et y ont apporté leur réalisme.

Merci à tous ceux qui m'ont aidé sur l'ouvrage, mes relecteurs, amis et parfois bien plus, qui m'ont offert leur temps, ont partagé leurs compétences et insufflé leurs envies.

Pour continuer la discussion

Un livre initie une communauté et la technologie permet d'étendre sa vie au-delà de ses frontières de papier.

Pour l'actualité de l'ouvrage (ex. dédicaces) et des informations complémentaires (ex. bibliographie) :
http://www.cavarretta.fr/fpe

Fil Twitter de l'auteur : @FCavarrettaFr
Engagez le débat avec le hashtag
#FranceParadisEntrepreneurs

Pour partager, participer au débat et suivre le fil d'annonces et d'informations, cliquez sur «J'aime» sur la page Facebook de l'ouvrage :
http://www.facebook.com/FrParadisEntrep

Table

Pour en savoir plus
sur les Éditions Plon
(catalogue complet, auteurs, titres,
revues de presse, vidéos, actualités...),
vous pouvez consulter notre site Internet :
www.plon.fr
et nous suivre sur les réseaux sociaux :
www.facebook.com/Editions.Plon
www.twitter.com/EditionsPlon

La photocomposition de cet ouvrage
a été réalisée par
Graphic Hainaut
30, rue Pierre Mathieu
59410 Anzin
Tél. : 03 27 25 04 64

Achevé d'imprimer : janvier 2016
Dépôt légal : février 2016